Das neue Südtirol

OTTO GEISEL
FOTOS UDO BERNHART

Das neue Südtirol

50 kulinarische Entdeckungen aus
Küche und Weinkeller

CHRISTIAN

Inhalt

Eisacktal mit Schlerngebiet 10

Vinschgau · Meran · Etschtal 60

Bozen · Ritten · Sarntal · Rosengarten 104

Ueberetsch · Unterland 150

Eine Klasse für sich 216

Adressverzeichnis 220

Dank · Impressum 223

Vorwort
Südtirol genießen

~ von Otto Geisel ~

Genuss hat viele Facetten, ebenso wie das Empfinden von Glück. So lässt sich auch Südtirol nicht mit einem Genussbegriff fassen, sondern beglückt zu jeder Jahreszeit mit einer kaum mehr anderswo zu findenden, weit gefächerten Vielfalt an sinnlichen Erlebnissen aus einer der letzten Bastionen des guten und unverfälschten Geschmacks.

Zuerst einmal verschlägt es einem aufgrund des atemberaubenden Blickes auf das Dolomiten-Panorama schlichtweg den Atem. Besser als der große Architekt Le Corbusier kann man es wohl nicht formulieren, denn er bezeichnete diese Berge als „schönstes architektonisches Kunstwerk der Welt". Was dazu auf den Berghütten an unaufgeregter, ehrlicher und tagtäglich gelebter Gastfreundschaft dem Skifahrer, Wanderer und Alpinisten zugutekommt, hält man an so spektakulären Orten wie auf der Seiser Alm fast für undenkbar, ist aber Südtiroler Wirklichkeit: Keine Selbstbedienung, kein Convenience Food, keine Plastikteller. Sondern liebevoller Service und eine unverkünstelte Küche aus allerbesten Zutaten.

Einfach klingende Zutaten, wie das aus getrockneten Birnen gewonnene „Kloatzenmehl", früher „Zucker der armen Leute" genannt, zeugen von echter Bodenständigkeit. Regionalküche mit Kartoffelteigtaschen, Topfennocken oder Schlutzkrapfen bietet oft kleine kulinarische Kunstwerke, die auch in Weltklasserestaurants, wenn sie dort denn aufgetragen würden, allergrößten Beifall bekämen.

Die Pflege ihrer alpin geprägten Küche ist für die hier vorgestellten Köche auch eine soziale Verantwortung, denn die Verwendung heimischer Produkte ist ein wertvoller Beitrag zur Erhaltung der bäuerlichen Kultur. Zudem ist nur das Wissen um die Herkunft der Produkte die höchste Garantie für deren Qualität.

Das in Südtirol ganz besonders gepflegte Brauchtum – jede Festlichkeit ist natürlich auch ein kulinarisches Fest – prägt bis heute das gastronomische Selbstverständnis. Der Milchreis mit Milch direkt vom Bauern, das Kesselfleisch vom Schlachttag am Hof oder auch die unterschiedlichsten hausgemachten Knödel sind dabei wichtige kulinarische Eckpfeiler: Kreativität als jener Teil des Kochens, der dem Zeitgeist voraus ist.

Souverän ist auch der Umgang mit exotischen Gewürzen, welche wie zum Beispiel der Zimt viele Rezepturen von Südtiroler Fleischgerichten und Wurstspezialitäten prägen. Schon im 13. Jahrhundert, als der Zimthandel von Venedig aus kontrolliert wurde, war Bozen ein wichtiger Gewürzumschlagplatz. Die Einrichtung von Märkten war es auch, was die Entwicklung der Stadt damals deutlich vorantrieb. Kein Wunder also, dass sich in vielen typischen Südtiroler Rezepturen diese Gewürze wiederfinden. Daraus resultieren Gerichte, die sich mit den so typisch feinwürzigen Rotweinen rund um Bozen auf geradezu ideale Weise verbinden.

Die klassischen weißen Rebsorten ergeben hier frische, mineralische Weine mit anregendem Säurespiel. Südtirol ist Italiens nördlichste Weinbauregion, die heute durch den Klimawandel als „Cool Climate Zone" erhebliche Vorteile gegenüber vielen südlich gelegenen Lagen hat. So ist es kein Wunder, dass die Fachwelt die Südtiroler Gewächse seit Jahren mit hohen Bewertungen feiert. Heute spricht man bei internationalen „Sauvignon blanc"-Verkostungen, dieser weltweit am zweitmeisten angebauten Weißweinsorte, gar von der französischen, der Neuseeländer und der Südtiroler Stilistik.

Viel sinnliches Vergnügen beim Entdecken dieser immer jungen und gottlob mit dem nötigen Selbstbewusstsein gesegneten Südtiroler Genusswelt!

Ihr

„Ich bin noch nicht da, wo ich hinwill, aber ich bin zum Glück auch nicht mehr dort, wo ich einmal war! Ich gehe weiter ... auf meinem Weg."

Ganz oben: Auf dem Köfererhof verbinden sich Tradition und Moderne auf ganz besonders harmonische Art und Weise

Oben: Günther Kerschbaumer und Gaby Tauber im steten Weinstilistikdialog

Links: Der Erker am historischen Stammhaus

Günther Kerschbaumer – Weingut Köfererhof mit Buschenschank

~ Neustift/Vahrn ~

Günther Kerschbaumer lässt sich nicht gerne in die Karten schauen oder beim Weinfachsimpeln aus der Reserve locken, meist wirkt er überlegt, manchmal auch etwas überlegen. Kommt das Gespräch aber auf ganz große Weine und die damit verbundenen Emotionen, dann kann er richtig auftauen. Er hat – mit dem Glück des Tüchtigen – den Bogen raus, selbst große Weine zu produzieren, obgleich sich diese Größe, vor allem wenn zu früh und zu jung getrunken, nicht immer schon beim ersten Schluck erschließt.

Mit großer Hingabe widmet er sich den typischen Eisacktaler Weißweinsorten wie beispielsweise Sylvaner und Kerner, wobei im Köfererhof ein ganz besonderes Augenmerk der in Südtirol am weitesten verbreiteten Rebsorte gilt, dem Grauburgunder, der anderswo allzu oft stiefmütterlich behandelt ein Schattendasein führt und welchen Günther als Pinot Grigio fantastisch elegant auf die Flasche bringt. Dieser Wein ist exemplarisch für sein großes Können und Fingerspitzengefühl, für die richtige Balance von Kraft, Druck und Eleganz, von Säurespiel und Cremigkeit, ein besonderes Gefühl eben, welches auch seinen weiteren Sorten Riesling, Veltliner, Müller-Thurgau und Gewürztraminer zugute kommt.

Im Eisacktal dominieren Urgesteinsböden aus Quarz, Glimmer, manchmal Schiefer. Es ist Italiens nördlichste Weinbauregion, die heute durch den Klimawandel als sogenannte „cool climate zone" erhebliche Vorteile gegenüber den südlich gelegenen Lagen hat. Die Rebsorten Sylvaner und Müller-Thurgau ergeben hier frische, mineralische Weine mit anregendem Säurespiel. So ist es kein Wunder, dass die Fachwelt seit einigen Jahren die Eisacktaler Weine mit hohen Bewertungen feiert.

Das alteingesessene Weingut Köfererhof von Günther Kerschbaumer und Gaby Tauber liegt mit wunderbarem Blick oberhalb des im Jahr 1142 gegründeten Klosters Neustift bei Brixen. Früher lieferte man die Trauben dort ab, doch das ist längst passé und man hat zielstrebig die Geschicke selbst in die Hand genommen. Der durchaus selbstbewusste Winzer steht zusammen mit seinen beiden Freunden und „WEINgespann"-Kollegen, dem nicht weniger selbstbewussten Christian Plattner vom Bozner Ansitz Waldgries und dem selbstkritischen und nicht weniger weingescheiten Markus Prackwieser vom Gumphof in Völs am Schlern, an der Spitze dieser einzigartigen, nördlich von Bozen gelegenen, kühlsten italienischen Weinbauregion.

Auf dem Köfererhof gibt es außerdem eine überaus empfehlenswerte, hofeigene Gastwirtschaft, wo die Weine gleich im richtigen Kontext verkostet und genossen werden können. Sehr zu empfehlen sind die Eisacktaler Weinsuppe, die Speckknödelsuppe, natürlich die Köfererhof-Spezialität hausgemachte Schlutzer mit Käse und Butter, die Rohnen-Graukas-Pressknödel, die Kastanienspätzle mit Lauch, Speck, Zwiebeln und Heumilchkäse, das Bauerngröstl mit Krautsalat sowie die natürlich ebenfalls hausgemachten Palatschinken mit Kastanieneis.

Köfererhof Pressknödel

FÜR 4 PERSONEN

Für die Pressknödel
150 g schnittfestes Weißbrot oder Knödelbrot
ca. 100 ml Vollmilch
100 g Graukäse oder Gorgonzola
2 Eier
1 EL Weizenmehl Type 405
optional fein geschnittene Schnittlauchröllchen
Salz
100 g Butter oder neutrales Pflanzenöl

Zum Anrichten
Fleischsuppe oder Krautsalat, weißes Rübenkraut oder gebackene Zwiebeln

Pressknödel
Das Weißbrot in kleine Würfel schneiden und in eine Schüssel geben. Die Milch erhitzen und die Hälfte des Käses darin schmelzen. Den restlichen Käse in kleine Würfel schneiden und zusammen mit der Käsemilch, den Eiern, dem Mehl, gegebenenfalls den Schnittlauchröllchen und dem Salz über die Brotwürfel geben. Alles zusammen zu einem homogenen Teig kneten und anschließend 15 Minuten abgedeckt ruhen lassen. Anschließend aus der Masse mit leicht angefeuchteten Händen kleine Knödel formen und diese dann etwas flach drücken. Das Fett erhitzen und die Pressknödel auf beiden Seiten portionsweise goldbraun braten. Reichlich Salzwasser zum Kochen bringen und die Pressknödel darin 8–10 Minuten gar ziehen lassen. Die fertigen Pressknödel mit einem Schaumlöffel aus dem Wasser heben und gut abtropfen lassen.

Anrichten
Die Pressknödel mit der gewählten Beilage auf den vorbereiteten Tellern anrichten.

Köfererhof Schlutzkrapfen

FÜR 4 PERSONEN

Für die Schlutzkrapfen
150 g Roggenmehl
100 g Weizenmehl Type 405
Salz
1 Ei
1 EL Öl
150 g gekochter Spinat
50 g Zwiebeln
½ Knoblauchzehe
1 EL Butter
100 g Topfen oder Ricotta
1 EL frisch geriebener Parmesan
1 EL feine Schnittlauchröllchen
frisch gemahlener schwarzer Pfeffer
1 Msp. frisch geriebene Muskatnuss

Zum Anrichten
Nussbutter
frisch geriebener Parmesan
feine Schnittlauchröllchen

Schlutzkrapfen
Die beiden Mehlsorten ringförmig auf einer Arbeitsfläche ausstreuen und salzen. Das Ei mit 50–60 ml lauwarmem Wasser und dem Öl verquirlen und in die Mitte des Mehls gießen. Anschließend von innen nach außen einen homogenen Teig herstellen. Den Teig zu einer Kugel formen und in Klarsichtfolie gewickelt 30 Minuten ruhen lassen. Den gut abgetropften Spinat fein hacken, die Zwiebeln und den Knoblauch sehr fein würfeln. Die Butter erhitzen. Die Zwiebeln und den Knoblauch darin anschwitzen. Den Spinat mit dem Topfen, dem Parmesan und dem Schnittlauch zu einer gebundenen Masse vermengen. Diese mit Salz, Pfeffer und Muskatnuss würzen. Den Teig mithilfe einer Nudelmaschine dünn ausrollen. Dabei zügig vorgehen, um das Austrocknen des Teiges zu vermeiden. Mit einem glatten Ausstecher Kreise (Durchmesser etwa 7 cm) ausstechen. 1 TL Füllung in die Mitte jedes Kreises geben. Die Teigränder mit etwas Wasser leicht anfeuchten, aufeinander klappen und gut andrücken. Reichlich Salzwasser zum Kochen bringen und die Schlutzkrapfen darin garziehen lassen. Mit einem Schaumlöffel die Schlutzkrapfen herausheben und gut abtropfen lassen.

Anrichten
Die Schlutzkrapfen auf den vorbereiteten Tellern anrichten. Etwas Nussbutter darüberträufeln und den Parmesan sowie die Schnittlauchröllchen darüberstreuen.

„Bescheidenheit ist für uns ein großes Wort, denn der Umgang und die Bearbeitung unserer Trauben wird immer einfacher. Unser sizilianischer Önologe und mittlerweile großer Freund hat den Spruch: ‚La donna è bella quando è bella!' – Die Frau ist schön, wenn sie schön ist!'"

Manfred „Manni" Nössing – Weingut Nössing, Hoandlhof
Hansi Baumgartner – Degust, Affineur

~ Brixen und Vahrn ~

Der Hoandlhof, ausgebaut zu einem modernen Weingut, thront hoch über Brixen. Von fünf Kühen zu 50 000 Flaschen: Manni Nössing, der Impulsive. Glasklar wie Quellwasser oder wie sein feiner Müller-Thurgau ist dieser sympathische Winzer in seiner Ansage und in seiner Philosophie.

> „Unsere Trauben fühlen sich im Schatten wohler als in dieser neuen prallen Sonne. Auch ist es für uns wichtig, den Jahrgang zu erkennen und zu respektieren!"

Hansi Baumgartner, der Käseexperte, der gewissermaßen im Alleingang eine zukunftsweisende Südtiroler Käse-Kultur begründet hat

Geradlinig wie er sollen auch seine Weine sein, nicht überbordend in der Aromatik, eher von kantiger Struktur und, wenn es vom Jahrgang her möglich ist, nicht so hoch im Alkohol, damit man mit Freude und ohne zu schlechtes Gewissen einen kräftigen Schluck trinken kann.

So deutlich spricht das „Alkoholproblem" sonst in Südtirol kaum einer aus, obwohl den meisten längst bewusst geworden ist, dass die hohen Alkoholgradiationen durchaus kritisch in Weinkennerkreisen diskutiert werden. Das Idealbild des Südtiroler Weins war jahrzehntelang geprägt von Fülle, opulenter Aromatik und geschmacklicher Dichte, gewissermaßen als sorgenfreier Ausdruck an Lebensfreude, welche die wunderbare Südtiroler Landschaft idealerweise widerspiegeln sollte, kein kritischer Ansatz sollte dieses Wunschbild stören. Nun werden aber in den eigenen Reihen vor allem durch junge visionäre Winzer wie Manni Nössing und Florian Brigl vom Weingut Kornell bei Terlan selbstkritische Töne laut.

Einen Steinwurf entfernt, gerade an das andere Eisackufer, findet man die beste Käseauswahl von ganz Südtirol, denn seit fast einem Vierteljahrhundert vereint der kreative Affineur und ehemalige Sternekoch Hansi Baumgartner mit seinen Käseunikaten Professionalität und Leidenschaft.

Die allerbeste Qualität der Grundzutaten ist für den Südtiroler Käsepapst selbstverständlich, allerdings musste er die Voraussetzungen dafür erst selbst schaffen, indem er Käseproduzenten überhaupt einmal von seiner Idee von wirklich authentischem Südtiroler Käse überzeugte und schließlich begeisterte.

Vor Degust, wie das damals wagemutige Unternehmen getauft wurde, gab es bis auf den polarisierenden Graukäse in der ganzen Südtiroler Traumlandschaft nicht einen weiteren charakterstarken und typischen Käse. Man kann im Hinblick auf die „Käsegeschichte" Südtirols getrost unterteilen in früher vor der Ära Hansi Baumgartner und in heute mit von ihm initiierten Käseprojekten. Durch seine Affineurskunst entstehen in einem ehemaligen Bunker oben am Berg einzigartige Geschmackserlebnisse, die von seiner persönlichen Handschrift geprägt sind.

Im Laufe der Jahre haben Hansi Baumgartner und seine Ehepartnerin Edith alle ihre Energie in diese selbst gestellte Aufgabe und Herausforderung gesteckt, sich weiterentwickelt und dabei nicht nur ihre Käse, sondern auch ihre Kompetenzen verfeinert. Dies alles hat natürlich dazu beigetragen, dass heute Südtirol als eines der interessantesten Herkunftsgebiete für Käse im gesamtem Alpenraum gilt und selbst Schweizer Fachleute, wie etwa der Züricher Käsebuch-Autor Dominik Flammer, in Baumgartners Laden in Vahrn ins absolute Schwärmen geraten.

Die Wendeltreppe im modernen Neubau als zentrales architektonisches Element

Rechte Seite oben: Vormittagsstimmung mit Herbstnebel über Brixen

Rechte Seite unten: Manni Nössing liebt es spitz und nimmt auch kein Blatt vor den Mund, ganz besonders beim Wein

Oben: Das historische Stammhaus des Weinguts Garlider ist eingebettet in die steilen Lagen des Eisacktales

Links: Der ganze Stolz von Christian Kerschbaumer, traditionelles Winzerhandwerk gepaart mit Innovation

Unten: Die Blattfärbung macht deutlich, der Sommer ist vorbei

Christian Kerschbaumer – Weingut Garlider

~ feldthurns ~

Bei Feldthurns, oberhalb von Klausen, liegt das Weingut Garlider mit einer ganz besonders schönen Aussicht auf das Eisacktal und die imposante Südtiroler Bergwelt. Christian Kerschbaumer bewirtschaftet es mit seinen Eltern sowie seiner Frau Veronika und den Kindern Anna, Elisa, Philipp und Manuela und baut auf einer Anbaufläche von nur vier Hektar fünf exzellente weiße Rebsorten und eine rote, einen der seltenen Blauburgunder im Südtiroler Eisacktal, an.

Besonders herausragend sind sein druckvoller, in vollendeter Harmonie ausgebauter Sylvaner und sein feinwürziger Grüner Veltliner. Die (nieder-)österreichische Nationaltraube mit ihrer zarten Art gepaart mit großem Finessenreichtum und der typischen „Pfefferl"-Aromatik ist selbst in der Wachau kaum schöner zu finden. Christians Philosophie ist es, im Wein die Charakteristika der Rebsorte und des Bodens zu unterstützen und zu erhalten, also möglichst wenig zu verfälschen. Deshalb hat er den Anbau auf Bio umgestellt und verwendet in seinem Keller vorwiegend autochthone Hefen.

In den letzten 15 Jahren hat sich im Eisacktal schrittweise eine wirkliche Weinszene entwickelt. Junge Weinbauern geben neue Anstöße und bringen innovative und qualitätsorientierte Ideen ein. Auch rote Weine werden angebaut und verleihen dem Gebiet damit zusätzliche Attraktivität. Christian Kerschbaumer ist einer dieser erfolgreichen jungen Weinbauern und Kellermeister. Ursprünglich galt seine Passion den Motoren und Autos, die Liebe zum Wein hat er eher spät und zufällig entdeckt. Heute verwirklicht er sich erfolgreich auf dem Weinhof seiner Eltern. Die Trauben des Weinguts Garlider wurden erstmals

Links: Konsequent ist die ökologische Selbstversorgung im Garliderschen Familiengarten

im Jahre 2003 in den eigenen Kellerräumen verarbeitet, vorher wurden sie an die Genossenschaft abgeliefert. Die Weinberge liegen auf einer Meereshöhe zwischen 540 und 800 Metern. Die Hänge, welche eine Neigung von bis zu 55 Prozent aufweisen, sind nach Süden bis Südosten ausgerichtet. Der Boden besteht aus Quarzphyllit-Verwitterungsgestein.

„Weniger ist mehr! Wir legen großen Wert auf unverfälschte Weine ohne jegliche Beschönigung. Der Charakter des Bodens und vor allem des Jahrgangs steht im Vordergrund."

Im Eisacktal, dem nördlichsten Weinbaugebiet Italiens, sind nur etwa 250 Hektar mit Reben bepflanzt. Bis etwa 1950 wurden noch bis zu 80 Prozent Rotweine gekeltert. Die heute hier gekelterten Weine sind hingegen vorwiegend Weißweine. Die meisten Weingärten liegen in extremen Steillagen, dafür sonnenverwöhnt an den Südseiten des Tals. Die Bodenverhältnisse mit einem Gemisch aus Sand, Kies und Klausit wirken sich sehr vorteilhaft auf die Qualität der Trauben aus, die sich immer durch einen besonders feinen Säurenerv charakterisieren.

Die Eisacktaler Weißweine finden zwar harte, aber gute Voraussetzungen, die ihren Charakter wesentlich mitprägen. Frische kühle Nächte, warme bis heiße Tage und eine gute Durchlüftung tragen das ihre dazu bei, um diesen Weißen ihre fruchtigen, subtilen Aromen, ihre rassige Eleganz, individuelle, trockene Herbheit und attraktive Kernigkeit im Geschmack zu verleihen.

„Mancher Nachbar hat sich die Frage gestellt, warum wir vom reinen Traubenproduzenten zum Weinproduzenten übergegangen sind. Da unsere Obstanlagen bereits seit 1999 nach biologisch-organischen Grundsätzen bearbeitet werden, also ohne wachstumsfördernde Mineraldünger und chemische Pflanzenschutzmittel, wussten wir wie positiv sich dies auf die innere Fruchtqualität auswirkt. Folgerichtig wenden wir diese Philosophie der Produktion auch in den Weinbergen seit 2003 an. Aus diesem Grund haben wir uns entschlossen, den Kreis zu schließen und die Trauben bis zum fertigen Endprodukt Wein selbst zu verarbeiten."

Bestechend klar ist der Gleichklang zwischen der Aufmachung und dem Anspruch der Garlider-Weine

Oben: Der moderne Anbau mit Verkostungsraum als architektonischer Kontrast zum alten Weinhof

Links: Ruhe und Reflektion prägen den Umgang mit der Kultur von Rebe und Wein durch Christian Kerschbaumer

Thomas Dorfmann – Eisacktaler Kellerei mit Vinothek

~ Klausen ~

Im Eisacktal, einer der schönsten Naturlandschaften Südtirols mit alten Gehöften, stolzen und meist gut erhaltenen Burgen, eindrucksvollen Klosteranlagen und prächtigen Edelkastanienhainen, sind es vor allem die historischen Weinterrassen mit ihren Natursteinmauern, welche bis heute das Landschaftsbild prägen. Die Menschen hier sind vertraut mit der Arbeit im vorwiegend steilen Gelände, kleinste Rebgärten werden in bis zu 1000 Metern Meereshöhe erhalten und gepflegt.

Der national wie international hochgeschätzte Kellermeister Thomas Dorfmann, sein Sylvaner wird selbst im Herkunftsland Franken von dortigen Fachleuten als einer der allerbesten Vertreter dieser alten Kulturrebe anerkannt, ist der Garant für den perfekten Ausbau von Weißweinen mit großer Langlebigkeit und jahrzehntelangem Entwicklungspotential.

Die steilen Weinberge rund um den mächtigen Dioritfelsen von Säben über der Stadt Klausen gehören im weiten Umkreis zu den allerbesten Lagen. Die streng limitierte Auflage von etwa 3000 Flaschen pro Sorte gelangt erst nach einer längeren Flaschenreife in den Verkauf. Diese sogenannten „Sabiona"-Weine werden komplett im Holz ausgebaut und liegen rund eineinhalb Jahre auf der Feinhefe, damit sie gut für eine weitere lange Flaschenreife gerüstet sind. Kein Wunder, dass bei Vertikal-Verkostungen mehrerer Jahrgänge einzelner Lagen und Rebsorten immer wieder bereits zwanzig, dreißig Jahre alte Weine der Eisacktaler Kellerei durch ihre Jugendlichkeit zu bestechen und zu begeistern wissen! Bis 2008 wurden die Weinberge des Klosters Säben von den Klosterschwestern selbst bearbeitet, dann aber altersbedingt hinsichtlich der Pflege einem Eisacktaler Kellerei-Weinbauern anvertraut. Ab

Linke Seite: Inspirierender Durchblick in die geistige Welt im Kloster Säben hoch über dem Eisacktal

Links: Geheimnisvoller Einblick in die (Unter-)Welt von Kellermeister Thomas Dorfmann

diesem Zeitpunkt waren diese historischen Lagen in ein noch strengeres Qualitätsmanagement unter der Ägide von Thomas Dorfmann eingebunden und gehören mittlerweile zu den immer wieder überraschendsten Weißweinen aus ganz Italien. Vorausgesetzt man lässt ihnen nach dem Öffnen der Flasche – analog zu einem großen Rotwein – ausreichend Zeit. Das beste Genussresultat erzielt man bei diesen Ausnahme-Weißweinen sogar durch das für roten Bordeaux typische Dekantieren.

Unter der Regie des Meraner Architekten Markus Scherer wurde ein moderner und sehr attraktiver Wine-Shop realisiert, der die markanten Charakteristika des Eisacktals architektonisch widerspiegelt. Die mit Brixner Granit ausgestattete Vinothek ist direkt mit dem kleinen historischen Parcours verbunden, der über den Eisacktaler Weinbau berichtet, sodass hier das Einkaufen zu einem sinnlichen Erlebnis wird.

Als eine der besten Genossenschaften Italiens bezeichnete die britische Weinzeitschrift „Decanter" die Eisacktaler Kellerei, und sehr hohe Punktzahlen in internationalen Ratings sind keine Seltenheit für ihre vergleichsweise äußerst preiswerten Gewächse. Dies ist wohl einer der allerletzten wirklichen Geheimtipps in der internationalen Weinwelt!

Historische Rebgärten im und rund um das Kloster Säben hoch über dem Eisacktal

Links: Thomas Dorfmann gefangen in der Magie der Wandlung von Traubensaft in Wein

Oben: Das Kellereigebäude direkt an der alten Brenner-Staatsstraße als gelungener und harmonischer Kontrast zur ausdrucksstarken Beschaulichkeit der historischen Klostermauern

„Das Eisacktal mit seinen steilen, kargen und flachgründigen Weinbauterrassen ist prädestiniert für den Anbau rassiger, fruchtbetonter und mineralischer Weißweine. Diese Charakteristiken der Trauben unserer Weinberge bringen wir im Keller durch fruchtbetonten Ausbau im Stahltank mit gekühlter, gezügelter Vergärung und langer Lagerung auf der Feinhefe zur Entfaltung. Sylvaner, Grüner Veltliner und Pinot Grigio werden teilweise auch im Holzfass vergoren und eingelagert. So entsteht die perfekte Synergie von Frische, Frucht und Sortentypizität sowie sprichwörtlicher Eisacktaler Langlebigkeit."

Der Winzer Christoph Mock, selbstbewusster Promoter einer neuen Eisacktaler Weinkultur. Authentischer geht es nicht: die puristische Ästhetik des historischen Mockhofs

Christoph und Andreas Mock – Wassererhof mit Buschenschank

~ Eisacktal oberhalb von Atzwang ~

Ein weiterer im Bunde der „Fünf Völser Winzer" ist der Wassererhof, einige wenige Kurven unterhalb des Grottnerhofs gelegen, oder man kommt von der alten Brennerstraße her über die Eisackbrücke in Atzwang. Seit 1996 im Besitz der Familie Mock wurde er ursprünglich als Obst- und Weinbaubetrieb mit dem elterlichen Mumelterhof in Leitach mitbewirtschaftet. Die Äpfel und Trauben wurden vorerst an Genossenschaften abgeliefert, bis im Jahr 2004 der neu renovierte Buschenschank am Wassererhof eröffnet und somit der erste Schritt zur Eigenvermarktung gemacht wurde.

Landwirtschaftlich stellte sich alsbald heraus, dass die beiden Höfe lagenmäßig unterschiedlicher nicht sein könnten, die warmen Südhänge am Mumelterhof gegen die kühlen Westhänge am Wassererhof. Im zweiten Schritt konnte dann im Jahr 2013 der erste Jahrgang in der neu errichteten Kellerei gekeltert werden, Sauvignon vom Eisacktal auf rund 450 Metern Höhe am Wassererhof und St. Magdalener von sonnenverwöhnter Südsteillage auf Porphyr vom Mumelterhof bei Bozen, inzwischen gibt es noch Weißburgunder und Cabernet von gegenüberliegenden Südlagen.

Das überschaubare Programm ist insgesamt eine Empfehlung, ganz besonders wenn man weiß, dass hier der Önologe beratend zur Seite steht, der auch für die Wein-Preziosen des Piemonteser Kultwinzers Angelo Gaja verantwortlich ist: ein nach reifen gelben Früchten duftender Südtiroler Weißburgunder, ein filigraner, doch druckvoller Südtiroler Sauvignon, ein würzig eleganter Südtiroler St. Magdalener Classico – am besten leicht gekühlt getrunken – sowie der überzeugend harmonische Südtiroler Cabernet als Riserva.

Je nach Jahreszeit begleiten diese Weine die von Bruder Andreas Mock frisch zubereiteten Gerichte. Im Frühjahr sind das beispielsweise Schlutzkrapfen, Brennnesselknödel, Basilikum-Topfen-Nocken, Spargel-Gersten-Risotto, Kartoffelteigtaschen mit Ricotta-Bärlauch-Füllung, in Sauvignon gekochter Schinken mit Spargel, in

> „Beim Wassererhof ist es für mich wichtig, dass es eine Harmonie gibt zwischen Architektur, Aufmachung und Produktqualität. Gediegenheit, Geradlinigkeit, Eleganz und Zeitlosigkeit sollte sich in allen Bereichen finden."

Cabernet geschmorte Rindswangen mit Dinkelvollkorn-Spatzeln und gemischtem Wurzelgemüse, manchmal Lamm mit Polenta und Grillgemüse, saures Rindfleisch, Erdbeertiramisu und Erdbeer-Rhabarber-Kompott mit Buttermilcheis. Im Herbst gibt es sodann Schlutzkrapfen, Grauknödel, Rote-Bete-Knödel, Kürbissuppe, Kastaniensuppe, Schlachtplatte, saures Rindfleisch, Hirschgulasch mit Blaukraut und Kastanien-Schupfnudeln, gebratene Kastanien, Zwetschgenknödel und Marillenknödel, Kastanientörtchen mit Quitteneis, Krapfen gefüllt mit Apfelmarmelade, Kastanientiramisu und Bratapfelmousse.

Abschließend noch ein Geheimtipp: Die hausgemachten Schlutzkrapfen sind im Wassererhof ganz besonders zu empfehlen, diese typischste aller Südtiroler Spezialitäten sollte man hier unbedingt genießen.

Natur und Natürlichkeit werden im Mockhof groß geschrieben

Maria Gasser – Restaurant Turmwirt

~ Gufidaun ~

Eigentlich müsste dieses schöne Gasthaus mit Terrasse „Turmwirtin" heißen, denn bereits 2012 übernahm Maria Gasser den historischen Betrieb von ihrem Vater. Maria ist der Inbegriff einer äußerst liebenswürdigen, stets dem Gast zugewandten Wirtin, die sich selbst in Stoßzeiten weder aus der Ruhe bringen noch von ihrer angeborenen Freundlichkeit abbringen lässt.

Die Küche im Turmwirt bietet alles, was man sich in einem hervorragenden Südtiroler Gasthaus erträumt. Die Weinkarte ist kenntnisreich zusammengestellt und gastfreundlich kalkuliert – was die vielen Stammgäste sehr schätzen – und darüber hinaus betreut Maria den Gast mit ihrem umfassenden Wissen als Wein- und Käse-Sommelière. Unterstützt wird sie bei ihrem Turmwirt-Verwöhnprogramm von Christine, der guten Seele des Hauses, die jeden Tag frisch backt und verantwortlich ist für die liebevoll zusammengestellten Brotkörbe, vom ebenso umsichtigen wie freundlichen Ferdinand im Service, während Marias Lebensgefährte Klaus Gander in der Küche den sprichwörtlichen Hut aufhat.

Klaus hat neben seiner herausragenden Begabung und seiner großen Geschmackssicherheit – in der Gufidauner Turmwirt-Küche gibt es kein Ver- oder gar Untersalzen – auch einige wichtige, zuweilen harte berufliche Stationen hinter sich und ist für den täglichen Ansturm der hungrigen Gäste aus nah und fern bestens gerüstet.

Die wohltuend unspektakulär anmutende Speisekarte enthält geschmacklich absolut überzeugende, manchmal überraschende und immer sehr fein abgestimmte Gerichte wie Ziegenfrischkäse „Rosina" aus Lüsen auf marinierter Roter Bete, die klassische Eisacktaler Weinsuppe, eine köstliche Enten-Consommé mit Ravioli und Gemüsestreifen, selbstverständlich handgefertigte Tortelli mit frischen Steinpilzen, mit Verneigung vor dem Patscheiderhof-Patron Luis Rottensteiner gegenüber am Ritten die dreierlei Knödel mit Spinat-, Rote-Bete- und Käseknödel oder in der kalten Jahreszeit eine knusprig gebratene Gänsekeule mit Blaukraut und Pastinakenpüree. Und der kleine Pius, der zwei Wochen vor dem Tod seiner Oma Margareth auf die Welt kam, erfüllt die Gaststuben des Turmwirts mit Kinderlachen.

> „Wir Turmwirts leben Tradition und sind stets offen für Neues. Wir versuchen das Beste, das Region und Saison zu bieten hat, auf den Teller zu bekommen. Das Wohlfühlen des Gastes in unserem Ambiente ist unsere oberste Priorität."

Linke Seite: Alles andere als „aufgesetzt": herzliche Gastlichkeit bei der Gufidauner Turmwirtin

Turmwirt Gufidaun: Bollito misto

FÜR 6 PERSONEN

Für die Suppe
1 Zwiebel
3 Karotten
200 g Knollensellerie
1 Stange Lauch
1 Petersilienwurzel
2 große Fleischknochen (vom Rind)
¼ Bund glatte Petersilie
Salz
500 g Tafelspitz (vom Rind)
1 Kalbszunge
1 Cotechino (italienische Kochwurst)
2 Stangen Staudensellerie
6 mittelgroße, mehligkochende Kartoffeln

Für die Salsa verde
1 Bund glatte Petersilie, abgezupft
12 Essiggurken
1 hart gekochtes Ei, geschält
½ Zwiebel, gehäutet
1 Karotte
2 Knoblauchzehen, gehäutet
1 TL Kapern
2 Sardellen
2–3 Oliven
1 Stange Staudensellerie
Salz
frisch gemahlener schwarzer Pfeffer
1 Spritzer Essig
etwa 200 ml natives Olivenöl extra

Suppe
Die Zwiebel halbieren und die Schnittflächen anrösten. Eine geschälte Karotte und das restliche geputzte Suppengemüse in grobe Stücke zerteilen. Die Knochen mit der Zwiebel, dem Suppengemüse und der Petersilie in einen großen Topf geben, mit 6 l Wasser übergießen und salzen. Das Wasser zum Kochen bringen und etwa 30 Minuten köcheln lassen. Dann das Rindfleisch hinzugeben und bei schwacher Hitze etwa 2 Stunden köcheln lassen.
Die Kalbszunge in reichlich Salzwasser zum Kochen bringen und anschließend 1,5–2 Stunden köcheln. Die weich gegarte Zunge häuten.
Die Cotechino rundherum einstechen und in leicht gesalzenem Wasser 1–2 Stunden gar ziehen lassen. Die Kalbszunge, die Cotechino und den Tafelspitz in Scheiben schneiden. Die restlichen Karotten und den Staudensellerie schälen, in mundgerechte Stücke schneiden und bissfest kochen. Die Kartoffeln schälen, in mundgerechte Stücke zerteilen und weich kochen.

Salsa verde
Für die Salsa verde alle angegebenen Zutaten mit Ausnahme des Salzes, des Pfeffers, des Essigs und des Olivenöls durch den Fleischwolf drehen. Die Masse anschließend mit Salz, Pfeffer und Essig gut abschmecken und das Olivenöl unterrühren.

Anrichten
Die Fleisch- und Wurstscheiben und das Gemüse in der Brühe nochmals erhitzen und in tiefen Tellern anrichten. Die Salsa verde separat dazu reichen.

Das Team Haselwanter, ein Familienbetrieb im besten Sinne des Wortes im historischen Zentrum von Gufidaun. Große Küche und Top-Service in ungekünsteltem Ambiente

Thomas und Cornelia Haselwanter – Restaurant und Gästehaus Unterwirt

~ Gufidaun ~

Sucht man das ideale allumfassende Südtiroler Gasthaus mit authentischem Ambiente, Stil und trotzdem Gemütlichkeit, mit großer Geschichte, einer Spitzenküche und einem ebensolchen Spitzenservice, kombiniert mit einer Weinkarte, die keinerlei Wünsche offen lässt, sowie komfortablen Zimmern und Suiten, dann „landet" man fast unweigerlich beim Unterwirt und dem Ehepaar Thomas und Cornelia Haselwanter mit Sohn Alex in Gufidaun.

In sehr stilvollem Ambiente, die älteste Stube ist aus dem 13. Jahrhundert, genießt man hier allerfeinste Kochkunst und großherzige Gastfreundschaft, das eine wie das andere ganz und gar ungekünstelt, niemals aufgesetzt, sondern einfach und im besten Sinne des Wortes: natürlich! Cornelia Haselwanter ist eine ganz ausgezeichnete Sommelière und weiß stets die perfekte Weinbegleitung für jedes Gericht.

In der Tat sind es nicht ausschließlich die Südtiroler Gewächse, welche Cornelias Weinkeller füllen, sondern es sind zahlreiche gereifte Weinraritäten aus vielen Regionen zu finden und zu sehr erschwinglichen Preisen zu genießen. Ein typisches Unterwirt-Menü könnte wie folgt aussehen: Kürbiscannelloni auf Fonduta von Almkäse und Trüffel – Rinder-Consommé mit Ochsenschwanzravioli – Millefeuille vom Kalbsfilet mit Steinpilzen – Kastanientarte mit Trauben und Haselnusseis.

Idyllisch und ruhig über dem Talboden des Eisacktals gelegen, ist Gufidaun mit seinen 500 Einwohnern der ideale Ort zum Entschleunigen und das Gästehaus der Haselwanters ein idealer Ausgangspunkt für Wanderungen durch die malerische Landschaft. Wer die Stadtluft vermisst, hat es nach Brixen und Bozen nicht weit. Sieben äußerst komfortabel und modern, ohne jeglichen Schnickschnack dafür aber mit natürlichen Materialien, wie geölten Naturhölzern, ausgestattete Suiten und Zimmer bieten neben einem schönen Pool jeden erdenklichen Komfort.

> „Alles Einfache ist gut, alles Gute ist einfach … Aber je einfacher es ist, desto schwieriger wird es … Da kann man wenig kaschieren, egal bei was. Das beste Produkt finden und aus diesem das Beste herausholen, ohne es zu verfälschen, ist mein Ansporn."

~

> „Da wir mitten im Weinanbaugebiet liegen und in Südtirol eine Vielzahl an guten und ausgezeichneten Weinen angebaut und abgefüllt werden, versuche ich vor allem unter diesen, den passenden Tropfen zu den Gerichten meines Mannes zu finden."

Unterwirt: Rote-Bete-Ravioli

gefüllt mit Zwiebel-Ricotta, pochiertem Hühnerei und gerösteten Steinpilzen

FÜR 4 PERSONEN

Für die Ravioli
300 g Hartweizengrieß
300 g Weizenmehl Type 405
110 g Eigelb (5–6 Eigelb)
200 g ganze Eier (3–4 Eier)
150 g Rote-Bete-Saft
Salz
2 EL Olivenöl
200 g Zwiebeln
2 EL Butter
400 g Ricotta, abgetropft
50 g Parmesan
2 EL Mascarpone
frische, fein gehackte Kräuter
(z. B. Schnittlauch, Petersilie, Kerbel, junge Brennnesseln)
frisch gemahlener schwarzer Pfeffer

Für das pochierte Hühnerei
2 EL weißer Aceto balsamico
4 Hühnereier

Für die Sauce
250 ml Hühner- oder Gemüsebrühe
50 ml natives Olivenöl extra
80 g Butter
Maisstärkemehl
Salz
frisch gemahlener schwarzer Pfeffer

Für die Steinpilze
200 g Steinpilze (alternativ Pfifferlinge, Trüffelscheiben oder Gemüse, z. B. Spargel, Brokkoli)
1–2 EL Butter
Salz
frisch gemahlener schwarzer Pfeffer
2 EL gehackte glatte Petersilie

Rechts: Wenn der Vater mit dem Sohne … die Haselwanters im hauseigenen „Sensorik-Labor"

Rechte Seite: Genussvolle Symbiose: norditalienische Pasta-Kultur gepaart mit ursprünglichem Geschmack der Südtiroler Bergwelt

Ravioli
Den Grieß, das Mehl, das Eigelb, die Eier, den Rote-Bete-Saft, das Salz und 1 EL Öl zu einem geschmeidigen Teig verkneten. Sollte der Teig zu streng sein, etwas Wasser hinzufügen und gut unterkneten. Anschließend den Teig zu einer Kugel formen, mit Klarsichtfolie umwickeln und im Kühlschrank ruhen lassen.
Die Zwiebeln häuten und fein würfeln. Anschließend in einer Pfanne die Butter erhitzen und die Zwiebeln darin weich schmoren. Alle restlichen Zutaten und die Zwiebeln in einer Schüssel zu einer homogenen Masse verrühren und gut abschmecken.
Den Nudelteig rechteckig dünn ausrollen. Eine Hälfte des Teiges mit kleinen Portionen der Füllung belegen. Dann die andere Teighälfte darüberklappen und mithilfe eines Rädchens oder Ausstechers die Ravioli formen. Die Teigränder etwas aneinanderdrücken. In kochendes Salzwasser einlegen und 1–2 Minuten kochen. Die Ravioli herausheben und gut abtropfen lassen.

Pochiertes Hühnerei
Reichlich Wasser in einem Topf erhitzen und den Essig dazugeben (kein Salz!). Die Eier einzeln in kleine Schalen aufschlagen. Mit einem Kochlöffel das Wasser kräftig rühren, sodass ein Strudel entsteht. Jetzt die Eier einzeln nacheinander in den kochenden Strudel gleiten lassen. Jedes Ei leicht siedend 2 Minuten ziehen lassen, mit einem Schaumlöffel vorsichtig herausheben und in kaltes Wasser gleiten lassen. Die abgekühlten Eier sofort servieren oder beiseitestellen. Die pochierten Eier können gegebenenfalls in gesalzenem Wasser etwa 1 Minute erwärmt werden.

Sauce
Die Brühe mit dem Olivenöl und der Butter in einem Topf vermischen, erhitzen und reduzieren. Zum Schluss mit etwas Maisstärkemehl binden, abschmecken und weitere 5 Minuten köcheln lassen.

Steinpilze
Die Pilze putzen und in Scheiben schneiden. Die Butter erhitzen und die Pilze darin braten. Mit Salz und Pfeffer würzen und die Petersilie darüberstreuen.

Anrichten
Das lauwarme pochierte Ei in einen tiefen Teller geben und rundherum die Ravioli legen. Etwas Sauce darübergießen und mit den Steinpilzen abschließen.

Familie Andreas Lageder – Rauchhütte auf der Seiser Alm

~ Schlerngebiet ~

Die Seiser Alm, mit über fünfzig Quadratkilometern Europas größtes Hochplateau, ist eingebettet im UNESCO-Weltnaturerbe Dolomiten und damit Naturschutzgebiet. Auf diesem ehemaligen, von den urzeitlichen Korallenriffen Schlern, Lang- und Plattkofel umrandeten Meeresboden ist die Rauchhütte eine kleine Insel der Glückseligen und gleichzeitig ein eigenes Universum. Was sich wie zufällig hier zusammenfindet, mag auf den ersten Blick ganz selbstverständlich erscheinen, ist es aber auf den zweiten ganz und gar nicht.

Zuerst einmal fehlen einem aufgrund des atemberaubenden Dolomitenpanoramas schlichtweg die Worte – aber besser als der große Architekt Le Corbusier könnte man es eh nicht formulieren. Er bezeichnete diese Berge als „schönstes Bauwerk der Welt". Und was dann an unaufgeregter, ehrlicher und tagtäglich gelebter Gastfreundschaft dem Wanderer entgegengebracht wird, hält man an einem so spektakulären Ort im Grunde schlichtweg für undenkbar: keine Selbstbedienung, kein Convenience Food und keine Plastikteller, sondern ein liebevoller Service und eine aus allerbesten, teilweise nur hierher gelieferten Zutaten komponierte Küche. Diese ist Gericht für Gericht auf das Wesentliche reduziert, wer Schnickschnack wie Blüten auf dem Teller oder aufgesetzte Küchenfolklore sucht, ist fehl am Platz.

Die Rauchhütten-Klassiker gemischte Waldpilze mit Polenta, Hirschgulasch mit Knödeln, geschmorte Kalbswange in Blauburgunder und Entrecôte vom heimischen Rind, bevorzugt und mit Liebe ausgesucht von den drei Brüdern Christian, Thomas und Heinz Senoner in der überragen-

> „Die Rauchhütte ist ein Wirtshaus und kein Gasthaus, da sagt der Wirt und nicht der Gast die Richtung an, deshalb gibt es keine Pommes, keine Würstchen und keine Fertigprodukte, alles authentisch, frisch und regional. Darauf basierend auch unser Speckpfannkuchen-Rezept für dieses Buch, es handelt sich um ein einfaches, altes Rezept meiner Urgroßmutter."

den Kastelruther Metzgerei Silbernagl, gibt es in einer so klugen Auswahl, dass diese Stoßzeiten standhält. Die Zubereitung erfolgt mit größter Geschmackssicherheit, dazu kommt höchst aufmerksamer Service und große Weinkultur. Dass man nahezu jeden Wein auf der mit viel Kenntnis und Liebe zusammengestellten Karte auch offen serviert bekommt, hat sich längst herumgesprochen, und so ist die Rauchhütte heute eine allererste Adresse für Weinfreunde von nah und fern und vor allem auch die Südtiroler Kellermeister wissen dies sehr zu schätzen. Verantwortlich für alles ist Andreas Lageder, der vinophile Hüt-

Linke Seite oben: Herbstliche Seiser Alm mit Schlern, ein magischer Platz, immer faszinierend wie inspirierend.

Linke Seite unten: Die Rauchhütten-Jungwirtin Maria mit ihrem Vater Andreas

tenwirt, der mit einer gewissen Strenge und trotzdem sanfter Hand Regie führt. Etwas reißerisch anzupreisen ist ihm ein Grauen, eher bestimmend zurückhaltend fischt er das Richtige aus dem Weinkeller, um seine vielen Stammgäste immer wieder glücklich zu machen.

Was für ein Genuss auf fast 2000 Metern Höhe in einem jahreszeitlich wechselnden Szenario, diese in sich ruhende Küche und die erlesenen Weine – auch ältere, fantastisch gereifte Jahrgänge umfasst die Lageder'sche Auswahl – genießen zu können. Das Ganze wäre allerdings ohne den jedem Ansturm gegenüber gewappnetem Charme von Ehefrau Helga mit ihren großen „Kindern" David und Maria, nur die Hälfte wert. Offensichtlich hat sich das Gastgeber-Gen hier glücklich vererbt, denn Marias selbstbewusstes Credo lässt darauf hoffen, dass sich in Zukunft nichts Wesentliches ändert und die Rauchhütte eine echte Insel der gastronomisch Glückseligen bleibt.

Kurz gesagt, und da gibt es kein Vertun: Hier ist im Weltnaturerbe Seiser Alm in den Dolomiten ein einzigartiges gastronomisches Juwel entstanden, welches nur glückliche Gäste kennt.

Geballte Frauen-Power und Charme-Offensive: Helga und Maria Lageder

Rauchhütte: Speckpfannkuchen

FÜR 4 PERSONEN

Für die Speckpfannkuchen
360 g Weizenmehl Type 405
200 ml Vollmilch
200 ml Wasser oder Mineralwasser
8 Eier
etwas Salz
12 dünne Scheiben Bauchspeck
4 EL Butterschmalz
4 EL frisch gehackte Kräuter
(z. B. Petersilie, Schnittlauch etc.)

Speckpfannkuchen
Das Mehl, die Milch und das Wasser zu einem glatten Teig verrühren. Anschließend die Eier kurz unterheben und den Teig mit Salz würzen. Den Bauchspeck in dünne Streifen schneiden. 1 EL Butterschmalz in einer Pfanne erhitzen, ein Viertel des Teigs in die Pfanne gießen und mit einem Viertel des Bauchspecks belegen. Sobald die Unterseite Farbe hat, den Pfannkuchen wenden und die zweite Seite bei mäßiger Hitze fertig backen. Zum Schluss noch einmal wenden und mit den frischen Kräutern bestreuen. Mit dem restlichen Teig in gleicher Weise verfahren.

Anrichten
Die Speckpfannkuchen am besten mit einem Glas Gewürztraminer servieren (… denn zu jedem guten Essen gehört auch ein gutes Glas Wein).

Tipp
Statt des Specks kann man auch würzigen, gewürfelten Südtiroler Bergkäse verwenden.

An der Straße hoch zur Seiser Alm oder aber von ihr wieder herab liegt in St. Valentin etwas oberhalb von Seis die Destillerie „Zu Plun" von Florian Rabanser. Der Plunhof wurde bereits im 14. Jahrhundert urkundlich erwähnt, denn einst gehörte der Hof zu den Ländereien von Burg Hauenstein und war damit Eigentum des Minnesängers Oswald von Wolkenstein.

Neben Fruchtbränden aus Zwetschge, Marille, Apfel und Birne gibt es hier sieben reinsortige Tresterbrände, Grappas, von denen zwei im Eichenfass ausgebaut werden. Außerdem Beerenbrände wie Schlehe, Himbeere und Johannisbeere und traditionsreiche, allerdings seltene, echte Brände von Enzian, Wacholder und Vogelbeere sowie trendigen Rum und Gin. Vor einigen Jahren wurde hier außerdem die Grundlage für den ersten Südtiroler Aceto balsamico gelegt. Entstanden ist die Idee der Balsamessig-Produktion zusammen mit Christian Plattner vom Ansitz Waldgries bei Bozen. Die Essiggärung erfolgt in Fässern aus Eichen-, Kastanien- und Kirschholz, die zu Batterien aus jeweils fünf Fässern zusammengestellt werden.

„Das Kirschholz ist dabei besonders wichtig, weil es Süße und Farbe gibt", erklärt der Essigmacher. Im Sommer heiß und im Winter kalt, dies fördert die Reifung. Im großen Fass liegt Weinessig aus Lagrein, der in acht kleinen Fässern zur Alterung gebracht wird. Erst nach einigen Jahren erfolgt in der kalten Jahreszeit die sogenannte Umfüllung. Die Produktion des Balsamicos ist eine heikle und komplizierte Angelegenheit und die Ausbeute ist gering. So „verwandeln" sich durch die lange Lagerung 200 Liter Lagrein-Traubenmost zu nur vier Litern dickflüssigem Balsamessig als natürlichem Konzentrat.

> „Man muss nicht wahnsinnig sein, um guten Schnaps zu brennen, aber es hilft ungemein!"

Das Kirchlein St. Valentin, zwischen Seis und der Seiser Alm gelegen

Rechte Seite oben: Showroom in der Destillerie und Balsamessig-Manufactur „Zu Plun"

Rechte Seite unten: Florian Rabanser, kreativer Distillateur und Essigbrauer, trendbewusst mit seinem Alpen-Gin

Der Rabe als symbolträchtiges Fabelwesen und Inspiration für den Turmwirt Stefan

Familie Stefan Pramstrahler – Restaurant und Hotel Turm

~ Völs am Schlern ~

Der Turm-Wirt Stefan Pramstrahler ist einer der besten Geschichtenerzähler Südtirols und es liegt nahe, dass alles, was er tut, immer mit einer Geschichte verbunden ist. Er ist auch ein ganz ausgebuffter Unternehmer und so sind die Grenzen zwischen Beruf und Hobby fließend, soll heißen, dass alles, was er anfasst – „i bin scho a Deifi" –, zum Erfolg wird.

Ob im Familienleben, beim Reitsport, im Weingut oder in der Kunst, kein Engagement ist hier ohne Plan. So ist das Stammhaus, das Romantik Hotel Turm, ein Gesamtkunstwerk sowohl architektonisch als auch im Hinblick auf das große Verwöhnspektrum, welches Turm-Wirt Stefan seinen Gästen bietet. Außergewöhnlich schön eingerichtete bis hin zu avantgardistisch anmutende Hotelzimmer, eine liebevolle Auswahl an hochwertigen Kunstgegenständen namhafter Künstler – Stefans Vater war ein großer Sammler –, liebevoll eingedeckte Tische, aufwendige Blumenarrangements, eine kreative Küche und ein bestens sortierter Weinkeller, welcher von Ehefrau Kathi, Mutter von vier Kindern und engagierte Chef-Sommelière im Nebenberuf, bestens verwaltet und gepflegt wird. In der Turm-Küche hält Stefan die Zügel fest in der Hand, er ist ein leidenschaftlicher Koch, der sich mehr und mehr dem Purismus auf dem Teller verschreibt.

So beinhaltet auch die Turm-Speisekarte vornehmlich klassisch inspirierte Gerichte aus diesen beiden Kulturkreisen wie ein Tatar vom Zimmerlehen-Rind mit Pfifferlingssalat, Ziegenkäse-Espuma und hausgemachte Vinschgerle, eine Kastanien-Cremesuppe mit Sauvignon „Bubo" (Uhu), dazu mit Ziegensalsiccia gefüllte Krapfen, lockere Polenta-Buchweizen-Gnocchi mit Pilzen aus heimischen Wäldern, hauchdünne Schlutzkrapfen gefüllt mit Ricotta und Graukäse mit Walnussbutter und Grottner Äpfeln, sowie zarte Rehkoteletts in Butter mit aromatischen Kräutern gebraten auf Kürbispüree mit Kartoffel-Mohn-Knödeln.

Die in diesem Buch vorgestellte Spezialität ist eine äußerst köstliche, zeitgemäße Interpretation eines aus der mittelalterlichen Bozner Gewürzmarkt-Tradition heraus kreiertens Gerichts: Schweinebauch mit Fenchelsaat, Sternanis, Koriander, Nelken, Pfeffer, Ingwer, Wacholder und Honig aus dem Ofen, serviert mit Kirschtomaten, Krautsalat und Erdäpfelblattln. Natürlich ist dies wieder eine Geschichte, denn der Handel mit den exotischen Gewürzen begründete den Wohlstand der Stadt Bozen bereits im Mittelalter. Wie aus verschiedenen landesfürstlichen Rechnungsbüchern und Notariatsdokumenten hervorgeht, sind orientalische Gewürze wie Safran, Ingwer, Zimt, Muskatnuss, Pfeffer und Rohrzucker dokumentiert. Gewürznelken von den Molukken sind beispielsweise im landesfürstlichen Rechnungsbuch von 1415 ebenso erwähnt wie Koriander. Johannisbrot, auch Bockshorn oder Karuben gennant, ist die Frucht des Johannisbrotbaums und wurde als Mehl in der Küche verwendet. Asant, der sogenannte Teufelsdreck – eine Zutat für die berühmte englische Worcestersauce – war schon damals in Bozen beim Gewürzhändler erhältlich, wie auch Kapern.

> „Das Schöne an der Südtiroler Gastronomie ist die Begegnung zweier Esskulturen, der mediterranen mit der austro-ungarischen."

Turm:
Mit Gewürzen und Kräutern geschmorter Schweinebauch

FÜR 4 PERSONEN

Für den geschmorten Schweinebauch
1 TL Fenchelsamen
1 TL schwarze Pfefferkörner
1 TL Wacholderbeeren
1 TL Korianderkörner
6 Gewürznelken
6 Sternanis
1 Knoblauchzehe
40 g Ingwer
1 Zweig Rosmarin
1 Zweig Thymian
1 Lorbeerblatt
1 kg Schweinebauch
Salz
1 EL flüssiger Honig
150 g Kirschtomaten, halbkandiert
125 ml trockener Weißwein

Geschmorter Schweinebauch
Die Fenchelsamen, die Pfefferkörner, die Wacholderbeeren, die Korianderkörner, die Gewürznelken und den Sternanis in einer beschichteten Pfanne ohne Fett leicht anrösten. Die gerösteten Gewürze zerkleinern und die gepresste Knoblauchzehe, den frisch geriebenen Ingwer und die abgezupften Kräuter dazugeben. Die Mischung auf dem Schweinebauch verteilen, das Fleisch vakuumieren und etwa 1 Woche gut durchziehen lassen.

Anschließend den Schweinebauch aus der Verpackung nehmen und kurz in heißem Wasser blanchieren. Die Hautseite mit einem scharfen Messer, ohne in das Fleisch zu schneiden, einritzen und den Schweinebauch mit der Hautseite nach oben in eine ofenfeste Form legen. Mit Salz sowie dem Honig würzen und die Kirschtomaten auf dem Fleisch verteilen. Den Wein angießen und den Schweinebauch für 4 Stunden in den auf 100 °C vorgeheizten Backofen schieben.

Anrichten
Das Fleisch in Scheiben schneiden und zusammen mit den geschmorten Tomaten auf den vorbereiteten Tellern anrichten.

Rechte Seite: Des Turmwirts Leibgericht: geschmorter, vielfältig gewürzter Schweinebauch ganz in der Tradition des historischen Bozner Gewürzhandels

Oben: Lebendige Geschichte im Grottnerhof, früher wurden hier Vögel auf Leimruten gefangen, heute sind die heimischen Vögel Inspiration und zieren die Weinetiketten

Rechts: Kathi Pramstrahler, ausgebildete Sommelière und schöngeistige Gastgeberin

Unten: Die Weine von Kathi Pramstrahler – Sauvignon „Bubo" (Uhu), Gewürztraminer „Tetrix" (Birkhuhn), Weißburgunder „Pica" (Elster) und Blauburgunder „Corax" (Rabe)

Kathi Pramstrahler – Weingut Grottnerhof und die fünf Völser Winzer am Fuß des Schlerns

~ Völs am Schlern ~

Zu den aromastarken Gerichten aus der Turm-Küche passen die ganz herausragend guten Weine vom hauseigenen Grottnerhof, ein liebevoll restaurierter historischer Weinhof aus dem 13. Jahrhundert an den steilen Hängen des Eisacktals. Es ist ein großes Verdienst von Stefan Pramstrahler, diesen fernab jeglicher touristischer Trampelpfade liegenden historischen Weinhof vor dem Verfall gerettet zu haben, darüber hinaus verbindet er die 800 Jahre alte Tradition am Grottnerhof heute mit modernem Design in zwei Suiten.

In den historischen Kellergewölben befinden sich noch die alten Weinfässer und erzählen von vergangenen Zeiten, doch längst werden die blitzsauberen Grottner-Weine im dafür bestens eingerichteten Nachbarweingut von Markus Prackwieser, dem stillen Star der „Völser Winzer", ausgebaut. Stefan Pramstrahlers Frau Kathi gehört seither auch zu den „Fünf Völser Winzern" und baut auf den neu angelegten Weinbergen am Grottnerhof mit großem Erfolg Weine mit exotisch klingenden lateinischen Namen aus der Vogelwelt an: Sauvignon „Bubo" (Uhu), Gewürztraminer „Tetrix" (Birkhuhn), Weißburgunder „Pica" (Elster) und Blauburgunder „Corax" (Rabe). Und was Markus Prackwieser in seiner önologischen Doppelrolle hier gelingt, ist ein echtes Meisterstück, denn obwohl der Rebsortenspiegel des Grottnerhofs nahezu identisch mit dem des Gumphofs ist, ist es gelungen, zwei völlig unterschiedliche Charakterlinien zu entwickeln. Zart aromatisch verwoben, auf Eleganz hin ausgebaut die Gumphof-Weine, kraftvoll expressiv die Grottner-Weine, denn genauso frech wie beispielsweise die Elster, die das Weißburgunder-Etikett ziert, sollen nach Stefans Vorgabe seine Weine sein.

Auf 315 Metern ist im Eisacktal der tiefste Punkt der Gemeinde Völs. Von da aus geht es immer aufwärts, bis hinauf zum Gipfel des Schlerns auf 2 563 Metern. Auf den Hanglagen hin zum Eisacktal im Prösler Ried, im Völser Ried und in Steg, auf einer Meereshöhe von 300–650 Meter wird Weinbau mit langer Tradition betrieben. Hier liegen, eingebettet in teils steile Rebanlagen, alle fünf Völser Weinhöfe.

Am Bessererhof, in unmittelbarer Nachbarschaft zum Gumphof, produzieren Otmar und Rosmarie Mair gemeinsam mit ihren Söhnen Philipp und Hannes seit 1998 ihren eigenen Wein. Aus den bescheidenen Anfängen von damals ist ein Betrieb erwachsen der mittlerweile 40 000 Flaschen pro Jahr herstellt. Auf den vier Hektar mit steilen Hängen hat es sich die Familie Mair zur Lebensaufgabe gemacht, naturnahe Weine zu erzeugen, wobei ein besonders langlebiger und kräftiger Gewürztraminer sowie die fulminante, lange im Holz gereifte Reserve vom Chardonnay „Fellis", dem alten Völser Namen, besonders zu überzeugen wissen.

Der Prackfolerhof von Patrick Planer befindet sich bei Völser Aicha auf der Sonnenseite des Tierser Tals auf 600 Metern Höhe in klimatisch milder Lage. Am Hof selbst gedeihen Obst und Wein. Markante Temperaturunterschiede zwischen Tag und Nacht sowie die Moränenböden über dem vulkanischen Bozner Quarzporphyr-Sockel stellen beste Voraussetzungen für den Weinbau dar, so wie er seit Generationen am Prackfolerhof praktiziert wird. Die Anbauflächen „Leita" und „Rachtl" erstrecken sich auf den südwestlich exponierten steilen Hängen, die den Einfluss der warmen Winde aus dem Bozner Talkessel genießen. Am Hof sind drei Hektar mit Sauvignon, Vernatsch und Blauburgunder bepflanzt. Seit 2013 füllt Patrick Planer seine Eigenbauweine offiziell mit dem Etikett „Weinhof Prackfol" ab und verzeichnet bereits internationale Erfolge. Die Weine sind im Bauernladele am Hof neben hausgemachten Konfitüren, Sirup und Kräuterkissen erhältlich.

Oben: Südtiroler Weinkultur – traditionelle Pergeln am Steilhang vor dem Gumphof

Links: Die Weinblätter verfärben sich, das Weinjahr neigt sich dem Ende entgegen und der Rebstock bereitet sich auf den Winterschlaf vor

Unten: Markus Prackwieser auf Inspektionsfahrt mit seiner geländegängigen Vespa

Markus Prackwieser – Der Gumphof im Prösler Ried

~Völs am Schlern~

Markus Prackwieser ist ein Tüftler und das Fundament des Verbunds der „Fünf Völser Winzer". Er feilt unermüdlich daran, dass seine Weine mit all ihrer Komplexität und Langlebigkeit einen „schönen Zug" vom Anfang bis zum Ende haben, womit nicht nur der Trinkfluss, sondern auch die Durchgängigkeit der geschmacklichen Harmonie gemeint ist. Bereitwillig gibt er sein Wissen an viele Kollegen weiter und genießt deshalb in Weinkreisen einen herausragend guten Ruf.

Fast vergisst man zu erwähnen, dass seine feinen Weißweine heute zu den gesuchtesten in ganz Italien gehören, ganz besonders die der edlen Prestige-Linie „Praesulis", ein Name, der sich vom nahe gelegenen Schloss Prösels ableitet, sowie die äußerst raren Reserve-Weine der Toplinie „Renaissance". Diese Ausnahmeweine, welche erst nach einigen Jahren der Reife auf den Markt kommen und nicht jedes Jahr produziert werden, stehen selbstbewusst für die Wiedergeburt der Eisacktaler Weinkultur mit besonders edlen und langlebigen Gewächsen.

Seit über 200 Jahren ist die Familie Prackwieser Eigentümer des bereits 1560 gegründeten Gumphofs, der etwas unterhalb der Straße nach Völs am Schlern – auf der Höhe des Fausthofs von Bozen herkommend – gelegen ist. Markus ist, nach zwei Jahren an der Südtiroler Landesweinbauschule Laimburg, seit dem Jahr 2000 der heutige Besitzer dieses historischen Weinhofs und betreut noch ganz nebenbei den Ausbau der Weine des benachbarten Grottnerhofs. Kein dogmatischer Leitgedanke, sondern der fachliche und vom Genuss geprägte Austausch mit Winzerkollegen im In- und Ausland sowie Fachexkursionen in die Vorbildregionen wie die Wachau, das Burgund oder das Loiretal – mit einem eindrucksvollen Besuch beim unvergessenen Didier Dagueneau – prägen die durchaus experimentierfreudige Arbeit im Gumphof. Ständiges Lernen von den Besten und stetiges Feilen am eigenständigen Geschmacksprofil beschreibt den niemals laut auftretenden, aber durchaus selbstbewussten Winzer ebenso gut wie seine Weine.

Der Weißweinspezialist Markus Prackwieser mit seinem neusten „Augapfel", dem Blauburgunder

Immer wieder überrascht er mit neuen Facetten zum Wohle der nicht an Mainstream-Aromatik interessierten Weingenießer. Beispielsweise entwickelt er akribisch mit vielen kleinen 25-Liter-Gebinden besonders harmonische Weißweinkompositionen. So ist unter anderem auch der fünfprozentige Akazienholz-Einsatz genauestens durchdacht. War ursprünglich – inspiriert durch Wachauer Eindrücke – der Anteil des für runde Noten zuständigen Akazienholzes deutlich höher, tendiert Markus inzwischen zu mehr Prägnanz und schmeckbarer Persönlichkeit, welche das Eichenholz noch besser unterstützt.

Die südwestlich ausgerichteten Rebanlagen des Gumphofs liegen auf der von Bozen aus gesehenen rechten Talseite des Flusses Eisack, am Fuße des Südtiroler Wahrzeichens Schlern im Weltnaturerbe Dolomiten. Die Böden sind von Flussschottersteinen geprägt, diese kalkhaltigen Moränenböden liegen auf festem Bozner Quarzporphyr. Dazu kommen die wechselnden Winde. Tagsüber bläst die Ora, der warme Südwind, vom Gardasee und nachts kühlen die Fallwinde von den Dolomiten die Reben. Das ergibt vielschichtige Weine mit knackiger Frische. Diese Besonderheiten der Lagen und des Klimas sowie das Feilen am eigenständigen Geschmacksprofil spiegeln in den Weinen den Charakter der Landschaft wie auch den des Winzers wider.

Der Weinbau an den bis zu 70 Prozent steilen Hängen des Eisacktals erlebt gerade eine viel beachtete Renaissance. Diese Hanglagen sind ganz ausgezeichnet besonnt und bestens geeignet für die typischen Südtiroler Weißweinsorten Weißburgunder, Sauvignon und Gewürztraminer.

Die Lagen am Hof von Markus Prackwieser liegen auf rund 350 Metern Höhe, sind von Flussschottersteinen geprägt, wobei es sich hier im Speziellen um basische Lava des Atzwanger Doms mit schönen Kalzitkristallen handelt. Bei rund 550 Metern Höhe über dem Hof liegend ist der Boden durch seine große Lehmhaltigkeit bestens für den Anbau des anspruchsvollen Blauburgunders geeignet. Aus dieser kapriziösen Rebsorte einen vielschichtigen und lagerfähigen Rotwein zu machen, ist die große Herausforderung für Markus. Aber auch auf dem hier besonders feinwürzigen Vernatsch, der ebenfalls von den höheren, kühlen Lagen mit den nächtlichen Fallwinden vom Schlernmassiv profitiert, liegt das ganze Augenmerk des sensiblen Winzers.

Die Tradition wird im Gumphof vor allem im Weinberg durch die Kultivierung der traditionellen Rebsorten und der klassischen Anbaumethoden sowie durch die ganz selbstverständliche Handlese bewahrt. Im Weinkeller dagegen setzt man durchaus auf Innovation und zwar mit Mut und Bedacht, wie dies der neue Felsenkeller mit Verkostungsraum unter Beweis stellt.

> „Unser auf der mittelalterlichen Nord-Süd-Route der Alpen gelegene Gumphof geht auf die Geschichte von Schloss Prösels zurück. Dort zeugen Fresken im Innenhof von illustrer Gesellschaft von Rittern, Fürsten bis hin zu Edelleuten, die auf Pferden reitend über die Bergflanken der Eisackschlucht auf die Burg kamen."

Rechts: Esskastanienhaine und steile Rebhänge am Gumphof: Postkartenidylle versus intensive Handarbeit, kein Widerspruch, sondern gelebte Südtiroler Wirklichkeit

Rechte Seite: Im neu gebauten, dem Gestein abgerungenen Felsenkeller gibt die Natur die architektonischen Grundlinien vor und sorgt gleichzeitig für das denkbar beste Weinkellerklima

EISACKTAL MIT SCHLERNGEBIET

Familie Hubert Kompatscher – Restaurant und Hotel Heubad

~ Völs am Schlern ~

Mehr gelebte Tradition geht nicht! Die revitalisierende Kraft der Heubäder, die vor über 100 Jahren diesem Haus den Namen gaben und somit ein Stück weit Südtiroler Tourismusgeschichte geschrieben haben, werden heute mit derselben wohltuenden Wirkung angeboten wie zu Zeiten, als das Heu noch auf dem Rücken vom 2400 Meter hohen Schlernplateau heruntergetragen werden musste. Die Kompatschers, allen voran das Familienoberhaupt und Heubad-Wirt Hubert, sind allesamt ganz herausragende Gastgeber. Das wissen vor allem die vielen Gäste aus nah und fern zu schätzen, die jedes Jahr wieder mindestens einmal im Heubad verweilen.

Aus der Nähe sind es die Honoratioren vom Ort, Wein- und Milchbauern, die sich regelmäßig am Stammtisch ihr Stelldichein geben. Mitunter ist auch der Südtiroler Landeshauptmann Arno (Kompatscher), wie er hier freundschaftlich und familiär genannt wird, zugegen. Das Heubad ist mit seinem gepflegten Garten und seinen historischen bis modernen Räumlichkeiten ein wahres Refugium für Jung und Alt. Es gibt keine Barrieren, weder sprachlich noch kulturell, auf der Speisekarte findet jeder sein Lieblingsgericht, ob es die beliebten Spaghetti nach Art des Hauses sind, die Käse- und Spinatknödel mit Krautsalat, zerlassener Butter und Parmesan oder ein zartes Kalbskotelett nach Wiener Art mit Röstkartoffeln und Preiselbeeren. Immer stimmt: Hier bist du Gast, hier darfst du sein.

> „Als familiengeführtes Hotel mit einer langen Geschichte ist es uns wichtig, das Vermächtnis unserer Vorfahren zu leben und zu erhalten sowie es der nächsten Generation zu übergeben. Ein verantwortungsvoller Umgang mit unserer Umwelt liegt uns ganz besonders am Herzen."

Im Völser Herbst wird im Heubad mit besonderer Liebe aufgetischt: Scheiben vom Knödel auf süßsauren Zwiebeln und Bergkäsemousse oder Kuttelsuppe vom Völser Rind mit kross gebratenen Speckstreifen, als warme Vorspeise gibt es dann Schüttelbrot-Bandnudeln mit Kürbisragout oder offene Teigtaschen aus „Kloatznmehl" gefüllt mit heimischem Reh und Steinpilzen, als Hauptgericht eine in Zweigelt-Rotwein geschmorte Wange vom Völser Rind gefüllt mit Pfifferlingen oder eine geräucherte Hirschlende mit Kartoffelgröstl und Sauce von Renetten, als süßer Schluss die Tausendblätterschnitte mit Kürbiskernhalbgefrorenem und karamellisierten Völser Äpfeln.

Linke Seite oben: Völs am Schlern

Linke Seite: Das Völser Heubad mit den jungen Wirtsleuten Lissy und David Kompatscher

Viele Impulse sind unter anderem am Stammtisch im Heubad entstanden, so ist zum Beispiel das jeden Oktober stattfindende „Völser Kuchlkastl" nach über 40 Jahren die traditionsreichste gastronomische Aktivität von ganz Südtirol. Visionär erkannte man schon damals die Kraft der ehrlich regionalen, historisch verankerten Küche mit ihrem Geschmacksreichtum und auch ihre Verantwortung gegenüber der Landwirtschaft und der Pflege von hiesigen Bräuchen.

Mit der kulinarischen Initiative, die weit über die Grenzen des Landes hinaus bekannt ist, haben sich die engagierten Völser Gastwirte bei Feinschmeckern und Genießern einen guten Namen gemacht. Beim „Kuchlkastl" steht Bodenständiges auf dem Speiseplan. Grundlage für die Auswahl der Gerichte bilden alte Rezepte, wobei sich die Küchenchefs der Herausforderung stellen, die Gericte der Zeit anzupassen und zugleich mit wunderbaren Zutaten ihren Ursprung zu unterstreichen.

Die Binderstube ist ein weiterer Treffpunkt der Einheimischen von Völs und das natürlich nicht nur während der Kuchlkastl-Zeit, denn hier wissen alle die frisch zubereiteten Pastagerichte und das typische Südtiroler „Gröstl" aus Monikas Küche sehr zu schätzen. Außerdem Eierbandnudeln mit Hirschragout, Teigtaschen gefüllt mit Sauerkraut und Surfleisch, serviert mit Salbeibutter, Blutwurstgröstl mit Krautsalat und Speck, Entenbrust mit Schupfnudeln und Blaukraut, Kürbistiramisu, Apfelküchel mit Zimt und Staubzucker. Aufgetragen werden diese Köstlichkeiten von den drei Töchtern Andrea, Sarah und Esther begleitet vom weinbegeisterten Ehemann und Patron Werner „Pimpi" Rabensteiner mit seiner außergewöhnlich guten, immer wieder mit Entdeckungen gespickten und sehr gastfreundlich kalkulierten Weinauswahl.

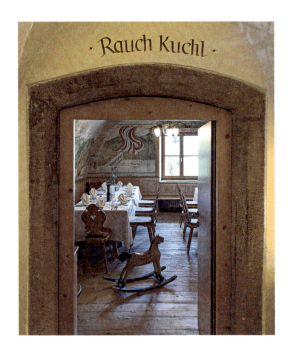

„Das Kuchlkastl wurde von den Völser Wirten gemeinsam aus der Taufe gehoben. Mein Vater war damals mit dabei. Man wollte mit dem Kuchlkastl ein Angebot schaffen, um die Saison zu verlängern. Anfangs hatte man die Kuchlkastl-Gerichte im Oktober angeboten und parallel dazu Kunst in den Restaurants ausgestellt. Die Kunst wurde dann bald weggelassen und die Kuchlkastl-Gerichte sind geblieben. Die Idee mit der regionalen Küche hat man sich bei den ‚Eisacktaler Wochen' abgekupfert. Aber irgendwie hat das Ganze in Völs besser funktioniert und das Kuchlkastl ist bald zum Selbstläufer und zu einem fixen Termin im Oktober geworden."

Heubad: Heusuppe

FÜR 4 PERSONEN

Für die Heusuppe
50 g Zwiebeln
etwas Knoblauch
1 EL neutrales Pflanzenöl
20 g getrocknetes Bergheu
1 EL Weizenmehl Type 405
50 ml trockener Weißwein
600 ml Fleischbrühe
200 ml flüssige Sahne
Salz
frisch gemahlener schwarzer Pfeffer
30 g kalte Butter

Zum Anrichten
30 g Schwarzbrot, gewürfelt
frische oder getrocknete Bergblüten
1 EL feine Schnittlauchröllchen

Heusuppe
Die Zwiebeln und den Knoblauch in feine Würfel schneiden. Einen Topf erhitzen, das Öl, die Zwiebel und den Knoblauch dazugeben und farblos anrösten. Das Bergheu und das Mehl in den Topf geben, gut unterrühren und mit Weißwein ablöschen. Anschließend die Fleischbrühe und die Sahne aufgießen. Die Suppe einmal aufkochen und dann 30 Minuten leicht köcheln lassen. Am Ende der Kochzeit gut abschmecken, durch ein feines Sieb passieren und mit einem Mixstab oder einem Schneebesen unter Zugabe der kalten Butter aufmixen.

Anrichten
Die Suppe in die vorbereiteten Teller schöpfen und mit den Schwarzbrotwürfeln, den Bergblüten und dem Schnittlauch garnieren.

Tipp
Verwenden Sie ausschließlich Bergheu von ungedüngten Wiesen über 1800 Metern Meereshöhe. Anstelle von Bergheu können Sie getrocknete oder frische Küchenkräuter verwenden.

Binderstube: Mohnschmarrn

FÜR 4 PERSONEN

Für den Mohnschmarrn
140 g Weizenmehl Type 405
250 ml Vollmilch
2 EL geriebener Mohn
1 Prise Salz
2 Eier
neutrales Pflanzenöl (z.B. Rapsöl)
1 Apfel oder Birne (nach Belieben)

Zum Anrichten
Preiselbeermarmelade

Mohnschmarrn
Das Mehl, die Milch, den Mohn und 1 Prise Salz glatt rühren. Anschließend die Eier hinzufügen und unterrühren. 1 EL Öl in einer Pfanne erhitzen und den Teig in die Pfanne gießen. Bei mittlerer Temperatur den Schmarrn langsam auf einer Seite backen. Gegebenenfalls das Obst schälen und in sehr dünne Scheiben schneiden. Sobald der Schmarrn auf der ersten Seite goldbraun ist, die Obstscheiben auf den Schmarrn legen und alles zusammen wenden. Dann den Schmarrn auf der zweiten Seite goldbraun backen. Den Schmarrn vor dem Servieren mithilfe von zwei Pfannenwendern leicht zerrupfen.

Anrichten
Den Mohnschmarrn mit der Preiselbeermarmelade auf den vorbereiteten Tellern anrichten.

Rechts: Das Binderstuben-Team, ein veritabler Familienbetrieb und kulinarisch-vinologische Anlaufstelle für Einheimische und „Fremde", die allerdings nicht lange fremd bleiben

Rechte Seite: Ein magischer Ort in Völs ist die kleine Kapelle Sankt Peter am Bichel. Denn Funde belegen, dass Peterbühl die älteste Siedlung des Gebietes ist und sehr wahrscheinlich bereits viele tausend Jahre vor Christi Geburt hier Menschen lebten

Familie Jörg Trafoier – Restaurant und Bistrot Kuppelrain

~ Kastelbell & Galsaun bei Kastelbell ~

„Nachhaltigkeit ist für uns nicht nur ein Wort. Es ist unsere Lebensphilosophie! Um etwas Außergewöhnliches und Gutes zu machen, darf es nicht an Liebe zur Kreatur und Natur fehlen. Wir alle hier leben das seit wir im Kuppelrain sind. Man hat damals nicht geglaubt, dass wir eine Chance haben werden, das hinterm Bahnhof in einem Bauerndorf lange zu überleben … und jetzt sind wir immer noch da und hoffentlich noch viele, viele Jahre."

Das Kuppelrain-Verwöhnprogramm umfasst ein Bistrot mit warmer Küche von 12 bis 16 Uhr (!) sowie eine hochkreative, kenntnisreiche und geschmacklich wie ästhetisch überragende Sterneküche im Abendrestaurant. Mehr Präsenz am Gast in einem familiengeführten Betrieb geht wirklich nicht.

Damit das nachhaltig funktioniert, bedarf es sehr viel Liebe zum Beruf, und das ist augenscheinlich bei allen vier Trafoiers der Fall: Gastgeberin und Sommelière Sonya, Ehemann Jörg, der Chef-Patron, unterstützt von Sohn und Souschef Kevin sowie Tochter und Chef-Patissière Natalie.

Ein typisches Mittagsmenü im Bistrot umfasst beispielsweise ein Vitello Tonnato als Amuse Bouche, Kartoffelgnocchi mit Kräutern und Pilzen, dann Rote-Bete-Teigtaschen gefüllt mit Muskatkürbis in Käse-„Fonduta" mit schwarzer Trüffel und knusprigen Bauernbrot-Würfelchen, gefolgt von einer geschmorten Lammschulter mit Schupfnudeln und Wurzelgemüse. Danach hausgemachtes Eis und ein Dessert aus Natalies Patisserie. Gast, was willst Du mehr? Ein fantastisches und frisch gekochtes – in den Nachmittag reichendes – Mittagessensangebot und obendrein noch unschlagbar preiswert, das ist der aktuelle Maßstab für echte Gastfreundschaft in Südtirol!

Linke Seite oben: Das Schloss Kastelbell wacht über dem herbstlichem Vinschgau

Linke Seite unten: Die nächste Gastgebergeneration Trafoier, Chef-Patissière Natalie und Souschef Kevin im Kuppelrain

Rechts: Sonya Trafoiers Reich im Sommer: die Kuppelrain-Terrasse als kulinarische Feiluftbühne

Ein weiteres tragendes Element dieser überragenden Gastlichkeit ist Sonyas große Liebe zum guten Wein, die sich in einer der allerbesten Weinkarten des Landes niederschlägt.

Ihr großes Engagement für die immer noch zu oft unterschätzten Vinschgauer Weine findet in ihren Worten zum Lehengut von Nachbar Thomas Plack ihren poetischen Ausdruck: „Die Weine vom Thomas sind edel, sehr ehrlich, sie widerspiegeln unseren kargen Sonnenberg, sie strahlen im Licht, brauchen aber Zeit, um die ganze Vielfalt der Aromen und Finessen zu zeigen. Da unsere steilen Weinberge umgeben von Burgen und Schlössern sind, stelle ich mir bei diesem Wein einen jungen Ritter in seiner jugendlichen schönen Wildheit vor. Und mit der Zeit ist das stürmische vorbei und ein edler, sanftmütiger, wunderbarer, gereifter Ritter brilliert in meinem Glas … Ich glaube, ich träume!?" – Thomas Plack würde darauf wohl erwidern: „Wir sind überzeugt, dass nur durch nachhaltiges Denken und Handeln ein gutes Leben und somit Zukunft für unsere Kinder und nachfolgenden Generationen möglich wird. Wir haben das Privileg, in einer sehr schönen Umgebung Wundervolles im Einklang mit der Natur erschaffen zu können."

> **„Meine Weinkarte ist mein großer Schatz, da steckt über 30 Jahre Arbeit drinnen. Die Karte wird von heimischen Künstlern illustriert. In meinem Keller sind bestimmt viele gute Geister mit im Spiel, die über meine Flaschen wachen, damit deren edler Inhalt über die Jahre zur Vollendung reifen kann."**

Thomas Plack produziert auf dem familieneigenen Obst- und Weingut Lehengut mit Unterstützung seiner Ehefrau Claudia – die ihr Engagement als Ausgleich zu ihrer Arbeit als Ärztin im Bozner Krankenhaus sieht – ein prägnant überschaubares Programm. Mit einem Weißburgunder, einem Riesling und einem Blauburgunder sind es „nur" zwei Weißweine und ein einziger Rotwein: Der Weißburgunder besticht durch seine lebendige grünlich gelbe Farbe und hat einen Duft mit feinen Noten von – wie könnte es anders sein – der ganzen Apfelvielfalt und den Wiesenblumen des Vinschgaus.

Darüber hinaus hat dieser bestens balancierte Wein einen appetitanregenden, feinen Säurenerv – ganz dem Vinschgauer Klima entsprechend – und baut guten Druck am Gaumen auf. Der Riesling hat ein besonders intensives Aroma von Steinfrüchten, insbesondere von der berühmten Vinschgauer Marille. Die lebendige Säure macht diesen Wein zu einem wunderbaren Solisten für längere Nachtgespräche unter Freunden oder zum idealen Essensbegleiter, wo er sowohl die feine mediterrane Küche als auch die Südtiroler Klassiker zu begleiten weiß. Der Blauburgunder steht rund drei Wochen auf der Maische und reift dann in gebrauchten Barriques ein ganzes Jahr. Heraus kommt dabei ein überraschend puristisch angelegtes, dennoch sehr elegantes Geschmackserlebnis, ideal zur komplex aromatischen Küche von Jörg und Kevin Trafoier. Wunsch und Wirklichkeit reichen sich hier die Hand!

Oben: Thomas Plack mit Sohn

Rechte Seite: Blick von der hervorragenden Weinbergslage Sonnenberg

Kuppelrain: Vinschgauer Regenbogenforelle

FÜR 4 PERSONEN

Für die Forelle
50 g Salz
10 g Rohrzucker
8 Forellenfilets, entgrätet
2 Stangen Staudensellerie
½ Bund glatte Petersilie
100 ml Apfelsaft
frisch gemahlener schwarzer Pfeffer
4 EL natives Olivenöl extra

Für die roten Beten
2 rote Beten (aus biologischem Anbau)
½ TL Kümmelsamen
1 EL Apfelbalsamessig
Salz

Für den Rote-Bete-Fond
100 ml Apfelsaft
½ TL gemahlener Kümmel
1 Lorbeerblatt
Salz
frisch gemahlener schwarzer Pfeffer
2 rote Beten (aus biologischem Anbau)

Für den Meerrettichschaum
100 g frisch geriebener Meerrettich
100 ml Vollmilch
Salz
frisch gemahlener schwarzer Pfeffer
50 ml flüssige Sahne
Apfelbalsamessig

Zum Anrichten
einige Sauerkleeblätter
einige Kapuzinerkresseblätter

Forelle
Das Salz und den Zucker in einer Schale mischen. Die Forellenfilets häuten und mit der Würzmischung einreiben. Die Filets auf einen Teller legen und mit Klarsichtfolie abgedeckt 2 Stunden ziehen lassen. Danach die Gewürzmischung mit kaltem Wasser abspülen und die Filets trocken tupfen. Den Staudensellerie putzen und in grobe Stücke schneiden. Die Petersilie abzupfen. Je zwei Filets mit 1 EL Apfelsaft, einigen Selleriestücken, Petersilienblättern und etwas Pfeffer in einen Beutel geben, vakuumieren und 2 Stunden ziehen lassen. Dann die Forellenfilets herausnehmen, mit Olivenöl einreiben und bis zum Servieren beiseitestellen.

Rote Bete
Die geputzten roten Beten schälen, zusammen mit den restlichen Zutaten vakuumieren und bei 90 °C je etwa 1 Stunde dämpfen. Anschließend in die gewünschte Form zurecht schneiden.

Rote-Bete-Fond
Alle Zutaten mit Ausnahme der roten Beten mit 50 ml Wasser in einem Topf zum Kochen bringen. Die roten Beten schälen, in große Stücke schneiden und im Fond sehr weich kochen. Anschließend sehr fein pürieren, abschmecken und durch ein feines Sieb passieren. Den Fond wieder in einen Topf füllen und auf die Hälfte einkochen lassen.

Meerrettichschaum
Den Meerrettich und die Milch mit etwas Salz und Pfeffer aufkochen und etwa 20 Minuten ziehen lassen. Die Meerrettichmilch dann gut abkühlen lassen, fein pürieren und durch ein feines Sieb streichen. Die Sahne unterrühren und mit dem Essig abschmecken. Alles in einen iSi-Spender füllen, zwei Gaspatronen laden, gut durchschütteln und beiseitestellen.

Anrichten
Die roten Beten auf die Teller legen und je zwei Filets darauf anrichten. Etwas Rote-Bete-Fond angießen und den Meerrettichschaum aufspritzen. Mit den Sauerklee- und Kapuzinerkresseblättern garnieren.

Martin Aurich – Weingut Unterortl & Vinschger Bauernladen

~ Am Eingang des Schnalstals ~

Der Eingentümer von Schloss Juval, Reinhold Messner, und die Pächter Martin und Gisela Aurich haben dieses Weingut ab 1992 aufgebaut. Vision und Pragmatismus führten zu einem kleinen, feinen Betrieb. Die von Gneis-Felsen und Trockenmauern umrahmten Reben stehen im steilen Hang des Juvaler Bergs auf einer Meereshöhe zwischen 600 und 850 Metern, wo die Wärme des Tages von Südosten und die kühle Abendluft aus dem Schnalstal für ein einmaliges Kleinklima sorgen. Durch diese natürlichen Voraussetzungen und durch liebevolle Sorgfalt entstehen präzise, anregende, herkunftsgetreue und langlebige Weine sowie edle Brände.

Martin Aurich steht für einen ganz eigenen Weinstil, der zum einen ganz natürlich durch die Voraussetzungen des besonderen Klimas und der kargen Böden am Juvaler Hügel vorgegeben ist, aber zum anderen ist er zweifelsohne geprägt von der puristischen Ader, die Martin Aurich so eigen ist und welche man bei seinen Weinen bestens erkennen kann.

Nirgends in Südtirol oder gar in ganz Italien gibt es ähnlich magere, fast skelettartige Weine, allerdings von feinster Textur, gewissermaßen im samtenen Gewand, sodass das vermeintlich Karge und auf den ersten Schluck etwas Spröde und Abweisendwirkende im Vergleich mit dem sonst eher üppigen und oft überbordenden Südtiroler Geschmacksbild durch pure Eleganz in punkto Duft und Geschmack deutlich gewinnt. Juvaler Weine sind also mit Vorsicht zu genießen, was heißen soll, dass Weinfreunde deren Keller vor allem mit trendigem Amarone und Primitivo gefüllt sind, mit den filigranen Blauburgundern von Martin Aurich sehr wahrscheinlich nicht wirklich glücklich werden. Hingegen wer Finesse, Eleganz und vielleicht auch Bekömmlichkeit sucht, ist hier an der absolut richtigen Adresse.

> „Unser Antrieb ist einerseits die Einheit von Leben und Arbeit in einer bizarren Umgebung zwischen abweisenden Felsen und fruchtbringender Vegetation sowie andererseits die positiven Emotionen, die wir mit unseren Juvaler Weinen auslösen."

Juvaler Weine, vor allem die beeindruckende Riesling-Palette mit so sinnigen Namen wie „Gletscherschliff", „Windbichel" und „Spielerei", zieren längst die besten Weinkarten des Landes, sind deshalb insgesamt recht rar, können aber gleich etwas oberhalb des Weinguts im schönen und – dank dem Südtiroler Urgestein und Schlossherrn Reinhold Messner – unverkitschten Gasthof Schlosswirt bei der Pächterfamilie Rieder genossen oder im gut sortierten Bauernladen am Fuße des Hügels erstanden werden.

Oben: Der Juvaler Hügel mit beschaulichem, aber nimmermüdem Schlossherrn

Links: Bergwein im wahrsten Sinne des Wortes, fruchtbare Rebzeilen auf kargem, steinigem Untergrund

Unten: Martin Aurich als behutsamer Begleiter der Rebpflanzen im Felsengarten und als klarer Geist im Weinkeller und bei der Destillation

Rechte Seite: Blick vom Sonnenberg über die Weinberge von Juval auf Naturns

Im Jahr 2004 als Genossenschaft Vinschger Bauernladen gegründet und in Zusammenarbeit mit Reinhold Messner im April 2005 als neue Geschäftsstruktur für Direktvermarkter eröffnet, werden ausschließlich Erzeugnisse von Bauernhöfen und landwirtschaftlichen Genossenschaften des Tals angeboten. Das Ziel dieser Genossenschaft ist es, hochwertige Produkte von ausgesuchten Produzenten ohne jeglichen Zwischenhandel dem Endkonsumenten anzubieten. Bei allen Produkten im Laden wird auf den Erzeuger hingewiesen und somit ist die Herkunft des Produkts nachvollziehbar. Mittlerweile gehören über 100 Mitglieder der Genossenschaft an, ein großer Teil davon sind zertifizierte Bio-Betriebe. Die gesamte Produktpalette umfasst derzeit über 800 verschiedene und einzigartige landwirtschaftliche Erzeugnisse, vom frischem Obst und Gemüse der Saison, Speck, Käse und Brot bis hin zu veredelten Produkten wie Fruchtaufstriche, Honig, Kräuter, Kosmetik, Schokolade, Trockenfrüchte, Senf, Saft, Sirup, Wein und Destillate.

„Unser Antrieb ist einerseits die Einheit von Leben und Arbeit in einer bizarren Umgebung zwischen abweisenden Felsen und fruchtbringender Vegetation sowie andererseits die positiven Emotionen, die wir mit unseren Juvaler Weinen auslösen."

VINSCHGAU · MERAN · ETSCHTAL

„Es gibt kein Erfolgsrezept,
sondern immer nur
Leidenschaft, Arbeit,
viel Arbeit, Erfahrung,
Vision, Kreativität, Hilfe
und Glück."

Gerhard Wieser – Restaurant Trenkerstube im „L'Art de Vivre"-Hotel Castel

~ Dorf Tirol ~

Gerhard Wieser ist ein kompromissloser Perfektionist. Sowohl bei der Auswahl seiner Produkte und der Kreativität der Komposition als auch bei der Ästhetik des Anrichtens liebt er die absolute Präzision. Seinen Küchenstil beschreibt man am besten als glückliche Symbiose von höchster Handwerkskunst und modernster Technik kombiniert mit großer Bodenständigkeit. Dass dieser Anspruch als kreativer Spannungsbogen von Bescheidenheit und unbedingtem Streben nach Exzellenz keine graue Theorie, sondern schmeckbare Wirklichkeit ist, beweist Wieser mit seiner Mannschaft Tag für Tag.

Die tatsächliche Kunst des Kochens fängt folgerichtig bereits beim Einkaufen an, denn der wirkliche Star ist natürlich und konsequent betrachtet das Produkt, ein Grundsatz den Wieser mit dem Jahrhundertkoch Eckart Witzigmann teilt. Die Produktherkunft spielt für ihn eine ganz bedeutende, durchaus zentrale Rolle. Soweit verfügbar greift er auf einheimische Südtiroler Produkte zurück. Er sagt: „Nur wer die Natur liebt, kann ihre wunderbaren Erzeugnisse wirklich schätzen, und nur wer Achtung vor diesen Produkten hat, kann gute Küche mit allen Sinnen genießen. Essen ist die Nahtstelle von Natur und Kultur, das wirkungsvollste soziale Medium überhaupt. Kreativ sein heißt wagen, spielen. Um zu neuen Kombinationen zu kommen, darf ich nichts als gegeben annehmen. Ich muss offen sein für das Unerwartete, auch bereit sein zu verlieren."

Die Leidenschaft fürs Kochen hat er von seiner Mutter. Von ihr wurde er bereits als Bub an den Herd gelockt, an welchem er nun beruflich bereits seit 1991 im Hotel Castel steht und seit 2001 das Restaurant Trenkerstube kulinarisch an die Landesspitze geführt hat. Das Restaurant ist übrigens nach der Südtiroler Bergsteigerlegende Luis Trenker benannt, dessen Fotos die Wirkungsstätte von Gerhard Wieser im noblen „L'Art de Vivre"-Hotel Castel der Familie Dobitsch im Dorf Tirol zieren.

Wieser sagt: „Ich bin Koch geworden, weil ich zu Hause bei meiner Mutter, die Köchin ist, viel mitgeholfen habe und dabei gemerkt habe, das liegt mir. Sie war meine erste Lehrmeisterin. Als kleiner Knirps band ich mir den Küchenschurz um und half tatkräftig mit. Heute koche ich mit 16 Köchen im Hotel Castel. Neben der Frische der Produkte gilt die À-la-minute-Zubereitung als Prinzip meiner Maxime. Ebenso berührt meine Passion die Kräuter und Gewürze. Sie verleihen letztlich den Speisen eine raffinierte Note und fördern die Bekömmlichkeit. Nachdem die Zunge wesentlich empfindlicher reagiert als das Auge, bleibt es eine wiederkehrende Herausforderung für mich, den Eigengeschmack der einzelnen Produkte zu respektieren und diesen durch kreative Zubereitung noch zu verstärken. Das Produkt darf dabei nicht zum Spielzeug werden! Das Grundverständnis gibt uns die Natur!" Ebenso natürlich und umsichtig agiert der Trenkerstuben-Service unter der Leitung von Simon Oberhofer, der mit seinem Team aus der großen Schatzkammer des Hauses, dem Weinkeller mit vielen hundert Positionen vom Besten schöpft, was die nationale und internationale Weinwelt zu bieten hat.

Linke Seite: Blaue Berge mit Herbsthimmel über dem Meraner Land. Spitzenkoch Gerhard Wieser mit Köcheparade im Hotelgarten, das Schloss Tirol im Hintergrund

Trenkerstube: Rehrücken

Topinambur, Pilze, geräucherte Mandeln, Zitronenthymian

FÜR 4 PERSONEN

Für den Rehrücken
½ küchenfertiger Rehrücken (ca. 1,2 kg)
2 EL Mandelöl
1 Zweig Rosmarin
2 Zweige Zitronenthymian
1 EL Butter
½ Knoblauchzehe
1 Salbeiblatt
2 Wacholderbeeren, zerdrückt
frisch gemahlener schwarzer Pfeffer
Salz
50 ml dunkler, kräftiger Rotwein
50 ml roter Portwein
1 TL Malzpulver
½ TL alter Aceto balsamico
Fleur de Sel
3 EL geräucherte Mandeln, fein gerieben

Für das Lauchpüree
150 g Lauch
70 ml Geflügelbrühe
Salz
1 EL Butter
2 EL natives Olivenöl extra

Für die gebratene Topinamburcreme
150 g Topinambur
1 TL Kristallzucker
50 ml flüssige Sahne
1 Spritzer Apfelessig
Salz

Für die gefüllte Topinambur
400 g Topinambur
grobes Meersalz
20 g Speck, fein geschnitten und geröstet
1 EL fein gehackte glatte Petersilie
frisch gemahlener schwarzer Pfeffer
100 ml Vollmilch
1 Lorbeerblatt
2 Zweige Thymian
Salz

Für die Buchenpilze
100 g Buchenpilze
1 EL feine Schalottewürfel
Salz
frisch gemahlener schwarzer Pfeffer
1 TL fein gehackte glatte Petersilie

Zum Anrichten
1 EL Lauchstroh, frittiert
2 EL Pilzpulver
2 EL Zitronenthymianöl

Rehrücken

Den Rehrücken mit einem Messer von Knochen lösen, parieren und zusammen mit dem Mandelöl und je einem Zweig Rosmarin und Thymian vakuumieren. Die vakuumierten Rehfilets im Sous-vide-Gerät auf 68 °C 14 Minuten garen. Die Rehrückenfilets aus dem Beutel nehmen und von den Kräutern befreien. In einer Pfanne die Butter mit dem Knoblauch, dem restlichen Zitronenthymian, dem Salbei und den Wacholderbeeren erhitzen und die Rehrückenfilets darin 1 Minute braten. Anschließend salzen und pfeffern.

Den Rotwein und den Portwein zur Gänze einkochen, mit Malzpulver und altem Balsamico abschmecken. Vor dem Servieren die Rehfilets portionieren und mit der Rotwein-Malz-Glace bestreichen, etwas Fleur de Sel und geräucherte Mandeln darüberstreuen.

Lauchpüree

Den geputzten und gewaschenen Lauch in Salzwasser in etwa 12 Minuten weich kochen. In einem Standmixer mit der Geflügelbrühe fein pürieren, in einem kleinen Kochtopf erhitzen und mit Salz abschmecken. Vor dem Servieren mit der Butter und den Olivenöl vollenden.

Gebratene Topinamburcreme

Die Topinambur gut waschen und mit der Schale in kleine Würfel schneiden. Den Zucker in einem Topf zu dunklem Karamell schmelzen, die Topinamburwürfel dazugeben und rösten. Mit 100 ml Wasser aufgießen und weich dünsten. In einem Standmixer mit der Sahne fein pürieren, mit Apfelessig und Salz verfeinern.

Gefüllte Topinambur

Die Hälfte der Topinambur gut waschen und mit der Schale auf einem Meersalzbett im vorgeheizten Backofen bei 160 °C (Umluft) 45 Minuten backen. Die Topinambur herausnehmen, etwas abkühlen, halbieren und mit einen Löffel das Fruchtfleisch ausschaben. Die Topinamburschale beiseitelegen. Das Topinamburfleisch hacken, mit dem fein geschnitten gerösteten Speck und der Petersilie vermengen, mit etwas Pfeffer würzen und beiseitestellen.

Die restliche gewaschene Topinambur schälen, rund ausstechen und mit einem Parisienne- Ausstecher aushöhlen. In etwas Wasser mit der Milch, dem Lorbeerblatt, dem Thymian und dem Salz weichkochen. Die gekochte Topinambur mit dem geschmorten Topinamburfleisch füllen und warm stellen. Die Topinamburschale im Dörrgerät trocknen, bei 230 °C in neutralem Pflanzenöl frittieren und als Dekoration beiseitestellen.

Buchenpilze

Die Buchenpilze putzen und waschen. Die Schalotten in Butter anschwitzen, die Buchenpilze dazugeben, mit dem Salz und dem Pfeffer würzen, 1 Minute garen und mit der Petersilie bestreuen.

Anrichten

Die Rehrückenfilets auf die vorgewärmten Teller setzen und daneben die gefüllte Topinambur, das Lauchpüree, die Topinamburcreme und die Buchenpilze anrichten. Das Gericht mit dem Lauchstroh, den Topinamburchips und dem Pilzpulver garnieren und etwas Zitronenöl darüberträufeln.

Oben: Die botanischen Gärten von Schloss Trauttmannsdorf, ein Vermächtnis von Kaiserin Sisi, heute Tourismusmagnet mit „Touriseum" und Seebühne

Unten: Der Granatapfel als zweifaches Symbol, einmal für die Schönheit im „Urteil des Paris" sowie als Beleg für das mediterrane Klima Merans

Links: Karoline Sinn in ihren Weingärten oberhalb von Meran und Schloss Trauttmannsdorf

Rechte Seite. Der leutende Klatschmohn ist in Südtirol mehr als Dekoration – eine Nutzpflanze für die vielen typischen Mohngerichte

Karoline Sinn – Weingut Pratenberg

~ Meran ~

Die Gärten von Schloss Trautmansdorff, Meraner Weinhaus, Pur Südtirol, Pizzeria 357. Karoline Sinn hat die Sonne im Herzen und in ihren Weinen hat man die Meraner Sonne im Glas!

Über Südtirol kommt Karoline Sinn sofort ins Schwärmen: „Der perfekte Mix aus mediterranem Flair und heimeligem Alpencharme hat einen einzigartigen Einfluss auf Südtirols Land und Leute. Der Wein gilt in diesem sonnigen Fleckchen Erde als Genussmittel, als Freund und Gefährte. Am Pratenberg sind wir uns dessen bewusst und pflegen eine innige Beziehung zu unseren Reben. Glücklich und vom Zauber des Bienenwesens beschenkt. Wir wissen, dass der Erfolg und der wunderbare Geschmack eines Weins von ganz vielen Faktoren abhängt. Biodiversitätsflächen stellen einen wichtigen Lebensraum für unser Weingut dar. Es ist als hätte der Wein ein Gedächtnis, als erinnere er sich an trockene Monate, stürmische Sommergewitter und sonnige Herbsttage."

Weiter erklärt die charismatische Jungwinzerin die Gedanken, auf denen ihre Arbeit basiert: „Guter Wein entsteht im Weinberg, nicht im Keller. Doch findet er in der Kunst des Kellermeisters eine logische und konsequente Fortsetzung. Am Weingut Pratenberg verstehen und respektieren wir die Eigenheiten und unterschiedlichen Biorhythmen unserer Rebsorten. Wir arbeiten in Harmonie mit der Natur und legen besonderen Wert auf die traditionelle Anbauweise. Zusammen mit dem erfahrenen Kellermeister Hartmann Donà werden unsere wertvollen Trauben zu genussvollem Wein. Er versteht es, die einzigartigen Eigenschaften der unterschiedlichen Reben zu interpretieren und das Beste aus jeder Traube hervorzuholen."

Feine Säure, ein elegantes Aromenspiel von Zitrusfrüchten und die mineralische Endnote machen den Chardonnay Pratenberg zu einem für die Meraner Gegend überraschend schlanken und straff konturierten Geschmackserlebnis. Nichts wirkt hier irgendwie aufgesetzt oder überbordend üppig, ganz im Gegenteil, der Wein ist animierend lebendig und gleichzeitig wohltuend natürlich wie eine ungeschminkte Schönheit. Bestens balanciert und harmonisch ausgewogen, damit aber keineswegs langweilig, eher dass er ganz und gar unprätentiös eine lange und langsame Alterung und schöne Reifung verspricht. Bald ist auch ein Sauvignon und ein Gewürztraminer im Pratenberg'schen Sortiment.

Vom Weingarten aus hat man einen herrlichen Blick auf die exotischen Gartenlandschaften von Schloss Trauttmansdorff, welche sich leicht oberhalb der Kurstadt Meran mit dem Flair der „guten alten Zeit" wie ein Vermächtnis von Kaiserin Sisi auf einer Fläche von zwölf Hektar in Form eines natürlichen Amphitheaters über einen Höhenunterschied von 100 Metern erstrecken. Für Jung und Alt, Botanikexperte oder Laie, bieten sie einen einzigartigen Mix aus botanischem Garten und Freizeitattraktion. Vielfältige Erlebnisstation, eindrucksvolle Themengärten, Künstlerpavillons und thematisch verwandte Fauna machen aus den Gärten von Schloss Trauttmansdorff, die bequem zu Fuß von Meran aus erreicht werden können, eine bunte Erlebniswelt. Das Touriseum, das Landesmuseum für Tourismus, vermittelt originell 200 Jahre Tourismusgeschichte in Tirol und Meran.

Bei einem Bummel durch Meran ist neben dem Flanieren auf den Kurpromenaden entlang prächtiger Villen, unbedingt ein Besuch im Meraner Weinhaus und im Genussmarkt Pur Südtirol zu empfehlen. Was hier der in Sachen Wein und Spezereien besonders sachkundige Günther Hölzl über die Jahre zusammengetragen hat – nahezu beispiellos in Südtirol – ist von überragender Qualität. Zur Einkehr sei neben dem sensibel renovierten Restaurant Sigmund vor allem der Klassiker (!) unter den Meraner Restaurants, das „Sissi" von Andrea Fenoglio, allen Genießern ans Herz gelegt. Bei den Einheimischen und ihren internationalen Gästen, jung wie alt, besonders beliebt ist auch seine Pizzeria 357 in der Innenstadt mit einem zumindest in Südtirol einzigartigen Angebot an authentischer Pizza und besten Getränken.

Diese und rechte Seite: Das ganz besonders milde Meraner Klima und viel Sonne lassen hier allerlei seltene Pflanzen gedeihen – oben die Kretische Zitrone, rechts die Opuntia subulata

Die Aussichtsterrasse in Trauttmannsdorf mit Blick über Meran und Oberetsch

Folgende Doppelseite: Meraner Impressionen – handwerklich hergestellte Viktualien im Pur Südtirol, „alter Hase" Chef-Patron Andrea Fenoglio mit Sterne-Restaurant Sissi und Pizzeria 357 und „Jungwinzerin" Karoline Sinn

Oben: Othmar Raich, kulinarischer Impresario und weinsinnige Spürnase vor seinem Genuss-Reich Miil

Links: Der historische Ansitz Kränzel des Grafen Pfeil beherbergt das Weingut Kränzelhof

Unten: Einblick in die anspruchsvoll modern gestaltete Miil-Genusswelt

Othmar Raich – Restaurant Miil & Franz Graf Pfeil – Weingut Kränzelhof

~ Tscherms ~

„Miil ist kein Ort wie jeder andere. Im beschaulichen Dorf Tscherms, im mittelalterlich anmutenden Ansitz Kränzel, steht die Mühle aus dem 14. Jahrhundert, in der wir in einer ganz wunderbaren Verbindung aus Historie, Tradition und Moderne ein Restaurant geschaffen haben, um genau das zu tun, was wir am besten können: verwöhnen, faszinieren und begeistern."

Saisonale Produkte, die möglichst aus der Region stammen, inspirieren den jungen Küchenchef Andreas Heinisch und sein Team zu phantasievollen Gerichten, die besten Zutaten werden kreativ kombiniert und liebevoll zubereitet. So entstehen Genüsse wie Hirschtatar auf „Waldboden", Zandercarpaccio mit Apfel-Meerrettich, zart rosa gebratenes Rindfleisch zu 100 Prozent aus Südtirol, ausgesuchte Qualität von Südtiroler Bauern, geliefert und gelagert vom Metzger Hannes Meyer oder Passeirer Kitz mit Bärlauch, Grillgemüseterrine und Ofenkartoffeln und zum Abschluss Fichtennadel-Honig-Eis auf Waldbeeren mit frischem Waldklee.

„Für mich haben Kunst, der Genuss von erlesenen Weinen und auch besondere Naturerlebnisse sehr viel gemeinsam. Weinkunstwerke leben, sie entstehen durch die Inspiration eines Meisters und durch die Hände all derer, die beim Wandlungsprozess mitwirken, also die Transformation begleiten. Wir versuchen Weinkunstwerke zu schaffen und das mit all unserer Kreativität und Fertigkeit."

„Ein Ort, der die dem Menschen innewohnende persönliche Kreativität belebt, anspricht und zum Sprudeln bringt."

In der klug zusammengestellten Weinkarte erkennt man das außergewöhnlich umfassende Weinwissen von Othmar Raich wieder. Sehr gastfreundlich kalkuliert kann man hier ganz besonders edle Tropfen mit dem passenden Gericht als wahrhaftiges Geschmackerlebnis genießen. Egal zu welcher Jahreszeit, ob bei schönem Wetter im zauberhaften Hofgarten oder in den kleinen Stuben oder im modernen Kuppelsaal der alten Mühle – ein Besuch in der „Miil" ist immer ein Erlebnis, ganz besonders, wenn man vor oder nach dem Essen noch das Weinlabyrinth und die Vinothek des feinsinnigen Grafen Pfeil besucht.

Die erste urkundliche Erwähnung eines Weingartens in Tscherms geht auf das Jahr 1182 in einer Schenkung an das Stift Füssen in Bayern zurück. Vor 400 Jahren war in Tscherms und Umgebung der Weinbau die vorherrschende Einnahmequelle. Die älteste schriftliche Urkunde vom Kränzelhof stammt aus dem Jahr 1350. Am Hof werden Weintrauben von sechs Hektar eigener und gepachteter Fläche verarbeitet. Ein „lebendiges" Museum und ein Garten auf 20 000 Quadratmetern mit begehbarem Rebenlabyrinth lädt zum Entdecken ein. Einblick in die Kunst der Wein-Werdung geben Aufschluss über die Produktion und den Vertrieb der edlen Tropfen.

Miil: Geschmorte Rinderschulter

mit Barbecue-Aromen und Kartoffel-Röstzwiebel-Creme

FÜR 4 PERSONEN

Für die geschmorte Rinderschulter
1 kg parierte Rindsschulter
Salz
frisch gemahlener schwarzer Pfeffer
2 EL Butterschmalz
1 rote Zwiebel
1 Karotte
100 g Knollensellerie
1 Knoblauchzehe
1 EL Tomatenmark
250 ml kräftiger, trockener Rotwein
150 ml roter Portwein
50 ml Rotweinessig
500 ml Geflügelbrühe
1 mehligkochende Kartoffel

Für die Barbecue-Sauce
1 Aubergine
2 Zucchini
1 rote Zwiebel
Salz
1 EL brauner Zucker
2 EL Räuchermehl
500 ml neutrales Pflanzenöl
2 Essiggurken
1 EL Kapern
½ Chilischote
1 EL körniger Senf
1 EL Ketchup

Für die Kartoffel-Röstzwiebel-Creme
2 Zwiebeln
75 g Butter
400 g mehligkochende Kartoffeln
100 ml flüssige Sahne
2 EL Schnittlauchröllchen

Geschmorte Rinderschulter
Die Rindsschulter salzen und pfeffern. Das Fett in einem Topf erhitzen und das Fleisch auf beiden Seiten gleichmäßig anbraten. Das Gemüse grob schneiden, zum Fleisch geben und mitrösten. Das Tomatenmark ebenfalls leicht anrösten und anschließend mit dem Rotwein, dem Portwein sowie dem Essig ablöschen und bis zur Hälfte einkochen lassen. Dann die Geflügelbrühe aufgießen und die Rinderschulter etwa 1 Stunde bei niedriger Temperatur im geschlossenen Topf schmoren lassen. Die geschälte Kartoffel fein reiben, dazugeben und weitere etwa 90 Minuten köcheln lassen. Das Fleisch herausnehmen und beiseitestellen. Die Sauce durch ein feines Sieb gießen, auf die gewünschte Konsistenz reduzieren lassen und nochmals abschmecken.

Barbecue-Sauce
Die geputzte Aubergine, die geputzte Zucchini und die gehäutete Zwiebel in feine Würfel schneiden, salzen und in einem Sieb das Wasser abtropfen lassen. Das Gemüse gut ausdrücken. In einem mit Alufolie ausgelegten Topf den Zucker und das Räuchermehl vermischen und ein mit Backpapier bedecktes, ofenfestes Gitter darüberlegen. Den Topf abdecken und stark erhitzen. Sobald eine deutliche Rauchentwicklung einsetzt, die Gemüsewürfel in den Topf geben, den Topf am besten ins Freie stellen und die Gemüsewürfel kurz räuchern. Die geräucherten Gemüsewürfel im auf etwa 180 °C erhitzten Öl portionsweise knusprig frittieren, aus dem Öl nehmen und auf Küchenpapier gut abtropfen lassen. Die Essiggurken, die Kapern und die entkernte Chilischote fein hacken und mit den restlichen Zutaten sowie den Gemüsewürfeln vermischen. Vor dem Servieren die Barbecue-Sauce zur Bratensauce geben, nochmals aufkochen und das tranchierte Fleisch darin erwärmen.

Kartoffel-Röstzwiebel-Creme
Die Zwiebeln häuten und fein würfeln. Anschließend in 25 g Butter bei mittlerer Hitze weich rösten. Die geschälten Kartoffeln in Salzwasser weich kochen. Die abgegossenen Kartoffeln durch ein feines Sieb streichen und mit der restlichen Butter und der Sahne zu einem cremigen Püree verrühren. Die Zwiebeln unterheben und mit dem Schnittlauch verfeinern.

Anrichten
Die Rinderschulter auf die vorgewärmten Teller legen und mit der Sauce übergießen. Die Kartoffel-Röstzwiebel-Creme daneben anrichten und mit Schnittlauch garnieren.

„Auf den Punkt abgeschmeckte Teller und bedingungslose Frischeküche liegen mir besonders am Herzen. Neben dem Geschmack ist mir das Wohlbefinden meiner Gäste sehr wichtig."

Oben: Tradition und Avantgarde im Tisenser „Zum Löwen", zeitgemäß interpretierte Südtiroler Klassiker und somit für die Zukunft bestens aufgestellt

Links: Küchenchefin Anna überlässt nichts dem Zufall, das ist ihr grundsätzlichstes Qualitätsbekenntnis

Anna, Luis und Elisabeth Matscher – Restaurant Zum Löwen

~ Tisens ~

Von Bozen her kommend fährt man über Nals auf verschlungenem Weg bis nach Tisens zu Anna und Luis Matschers sensibel renoviertem Löwen. Wenn man durch das große Hoftor tritt, spürt man sofort, dass dies kein einfaches Wirtshaus ist, sondern ein Hort größter Gastlichkeit mit einer bisher noch nicht gekannten finessenreichen, femininen Interpretation der Südtiroler Spezialitäten.

Dabei führt Annas Lebensweg zunächst zu ganz anderen Zielen. Als junge Frau geht sie aus dem heimischen Pustertal nach Wien, um sich von der Fitnesslegende Willi Dungl ausbilden zu lassen. Zu den Klienten des Gesundheitspapstes gehört Österreichs Sportelite und später zeitweise das halbe Formel-1-Starterfeld. Doch noch stärker als der Erfolg im erlernten Beruf ist die Liebe zur Küche – und zu ihrem späteren Mann Luis. Gemeinsam bringen sie 1987 wieder Leben in den Löwen, der seit dem Tod von Luis' Großmutter lange Jahre leer gestanden war. Luis Matscher ist als gelernter Bankkaufmann der zweite Quereinsteiger im Team, macht eine Ausbildung zum Sommelier und übernimmt den Part des Gastgebers. Anna, die Autodidaktin, steht in der Küche. Nach drei Jahren stemmt sie es alleine; sie verabschiedet sich von der Schnitzelküche und beginnt, Südtiroler Klassiker wie Schlutzkrapfen und Mehlspeisen zu verfeinern. Die Initialzündung zur großen Küche findet in München statt. Anna Matscher macht ein Praktikum in der Münchner Restaurant-Institution Tantris. Nach zwei Wochen bei Küchenchef Hans Haas, einem gebürtigen Tiroler, ist sie bereit für den nächsten Schritt. Zur Verfeinerung des Traditionellen kommt nun dessen kreative und leichte Interpretation. Olivenöl ersetzt die Butter und Kräuter spielen fortan eine Hauptrolle.

Niemand bringt es geschmacklich so auf den Punkt, wie es Anna Matscher heute gelingt, bekannte Aromen und Texturen miteinander zu verbinden und das ganz ohne, wie das in Südtirol immer noch gerne üblich ist, alles in viel flüssiger Butter zu ertränken oder die Gerichte so schwer zu gestalten, als ginge es nach dem Essen gleich wieder in den Bergwald zum Bäume fällen.

Die unmittelbar verständliche Eleganz von Annas Küche, ohne jegliches Chichi, wird von ihrem Mann Luis mit ebenso sanfter Hand sowie den passenden Weinen aus seinem fantastisch sortierten Weinkeller begleitet. Wer sich von dem großen Weinexperten Luis und der ebenfalls als Sommelière ausgebildeten Tochter Elisabeth an die Hand nehmen lässt, wird auf das Genussvollste bei seinem Menü begleitet. Apropos Menü, es gibt hier immer drei im Angebot, einmal vegetarisch, einmal Südtiroler Klassiker und ein Menü mit internationalem Weitblick, wobei das Besondere ist, dass der Gast die Gänge innerhalb dieser drei Menüs auch austauschen kann!

Unbedingt probieren sollte man den in Kräuteröl pochierten Saibling mit Kräutercreme und Südtirol-Artischocke, feiner und saftiger gibt es den Lieblingsfisch von Auguste Escoffier, dem „König der Köche" des vergangenen Jahrhunderts, nirgendwo im Alpenraum. Oder das Milchferkel, leicht geräuchert, mit Weißkohl, Schwarzkohl und Grünkohl, einer für Annas Küche typischen Variation von Kohl, was ihr genauso gut mit allerlei bunten Rüben gelingt. Beide Gemüsevariationen natürlich nicht als bloße Beilage, sondern als geschmacklich voll integrierter Bestandteil des Hauptgerichts.

Abwechslungsreicher und feiner kann man zurzeit in der Südtiroler Sternegastronomie kaum essen und trinken!

Zum Löwen:
Cappuccino vom Kalbsbries und Steinpilzen

FÜR 4 PERSONEN

Für den Cappuccino
Salz
500 g mehligkochende Kartoffeln
2 EL Butter
100 ml flüssige Sahne

Für den Schaum
50 g pariertes Kalbsbries
50 g Champignons
30 g Butter
50 g trockener Weißwein
350 ml Gemüsefond
50 ml flüssige Sahne
Salz
frisch gemahlener schwarzer Pfeffer
1 Blatt Gelatine
1 EL Zitronensaft
1 Prise Cayennepfeffer

Für das Kalbsbries mit Steinpilzen
150 g pariertes Kalbsbries
Salz
frisch gemahlener schwarzer Pfeffer
Butter
2 kleine Steinpilze
1 EL natives Olivenöl extra

Für die Einlage
etwas Butter
1 EL fein zermahlenes Schüttelbrot

Zum Anrichten
frittierte Kräuter

Cappuccino
Die Kartoffeln schälen, in grobe Stücke zerteilen und in Salzwasser weich kochen. Nach dem Abgießen die Kartoffeln durch ein feines Sieb streichen und mit der Butter, der Sahne und etwas Salz glatt rühren.

Schaum
Das Kalbsbries und die geputzten Champignons in kleine Stücke schneiden. Die Butter erhitzen und das Kalbsbries und die Pilze darin anbraten. Mit dem Weißwein ablöschen und diesen ganz verkochen lassen. Anschließend mit dem Gemüsefond und der Sahne aufgießen, mit Salz und Pfeffer würzen und 10 Minuten köcheln lassen. Den Topfinhalt in einen Standmixer umfüllen und zu einem Schaum mixen. Die in kaltem Wasser aufgelöste und ausgedrückte Gelatine unterrühren. Den Schaum mit Zitronensaft und Cayennepfeffer abschmecken, in eine iSi-Flasche umfüllen und eine Gaskapsel aufschrauben.

Kalbsbries
Das Bries in kleine Stücke schneiden, mit Salz und Pfeffer würzen und in der Butter anbraten. Die Steinpilze putzen und in Scheiben schneiden, im Olivenöl anbraten und mit Salz würzen.

Einlage
Die Butter in einer beschichteten Pfanne erhitzen und die Schüttelbrotbrösel darin knusprig anbraten.

Anrichten
In hohen Glastassen als erste Schicht das Kartoffelpüree einfüllen. Darauf etwas Kalbsbries mit Steinpilzen und einige Schüttelbrotbrösel geben. Als oberste Schicht den Schaum aufspritzen und mit einigen frittierten Kräutern garnieren.

Oben: Erster Schnee auf dem Schlern, dem Wahrzeichen Südtirols, hier von Sirmian aus gesehen

Unten: Das herbstliche Meraner Land bereitet sich auf den Winter vor

Links: Der großzügig neugestaltete Speisesaal im Gasthof Jäger

Familie Öttl – Gasthof Jäger

~ Sirmian ~

Auf einem einfachen Bauernhof hoch oben über dem Weinort Nals mit seinem legendären, sich im Dornröschenschlaf befindlichen Schloss Schwanburg hat alles angefangen. Die Lage ist einzigartig, das Panorama wirklich überwältigend. Die Großeltern Öttl verwandelten das urige Schmuckstück in einen kleinen Buschenschank und legten den Grundstein für den heutigen Gasthof Jäger. Angelika und Oswald Öttl machten den Gasthof allmählich zu dem, was er heute ist: ein Ort zum Genießen. Heute wird der Gasthof, der auch schöne und behagliche Zimmer hat, in der dritten Generation geführt.

Sohn Guntmar ist Junior- und Küchenchef – ein ganz großes Talent – und schwingt beherzt den Kochlöffel. „Speck trifft auf Trüffel", heißt es selbstbewusst und klar programmatisch aus der Küche. Saisonal, kreativ und authentisch, so definiert er seine regionale Küche, die heute schon zu den besten in Südtirol gehört, obwohl er immer noch als Geheimtipp gilt.

Seine Frau Dorothee und seine Schwester Evelyn pflegen den direkten Kontakt zu den Gästen und leiten freundlich wie umsichtig den Service. Absolut wohltuend ist hier, dass man beim Betreten der Galerie keinerlei Gourmet-Attitüde, sondern absolute Gelassenheit, ja fast eine jugendliche Lässigkeit spürt, die offensichtlich auch eine qualitätsbegeisterte, jugendliche Klientel anspricht.

> „Unser Bestreben ist es, so viel wie möglich selber zu machen. Angefangen von den Teigtaschen über die Tiroler Knödel bis hin zur typisch italienischen Focaccia. Die Zutaten hierfür finden wir je nach Saison in Omas Garten oder beim Bauern unseres Vertrauens."

Küchenchef Guntmar und sein junges Team bringen die Leidenschaft in die Gerichte. Sie arbeiten immer wieder an neuen Kreationen. Jeder kann seine Ideen und Vorschläge einbringen. Und das macht die Küche authentisch und natürlich. Egal ob Wanderer oder Geschäftsmann, Gast oder Einheimischer, Südtiroler Brettljause oder Saiblingsfilet im Artischockensud. Hier bekommt jeder das Gericht, auf das er Lust hat.

Dies alles verspricht große Souveränität, welche natürlich nur dann funktioniert, wenn sie auf perfekter Handwerkskunst aufbauen kann. Guntmars Küche erscheint trotz seiner Jugend bereits so abgeklärt und geschmacklich in sich ruhend, dass man das sichere Gefühl hat, dass hier ein Großer seiner Zunft seinen Platz gefunden hat. Jedes Gericht ist absolut schlüssig, geschmacklich traumhaft, harmonisch kombiniert mit großer Klarheit in der Aromatik – kleine unprätentiöse Kunstwerke, welche nur durch die kenntnisreiche Verwendung bester Zutaten möglich sind.

Küchenchef und Ausnahmetalent Oswald Öttl im eigenen Garten

Jäger: Radicchioteigtaschen

FÜR 4 PERSONEN

Für die Radicchioteigtaschen
1 kg mehligkochende Kartoffeln
Salz
3 Eigelb
300 g Weizenmehl Type 405
50 g Hartweizengrieß
50 g zerlassene Butter
600 g Radicchio
1 Zwiebel
50 g Butter
50 g Kochschinken, gewürfelt
etwas Kartoffelstärke
etwas frisch geriebener Parmesan

Zum Anrichten
aufgeschäumte Butter
frisch geriebener Parmesan
feine Schnittlauchröllchen
Wiesenkräuter

Radicchioteigtaschen
Die Kartoffeln schälen, in Salzwasser weich kochen, anschließend durch eine Kartoffelpresse drücken und auskühlen lassen. Die Eigelbe, das Mehl, den Grieß, die zerlassene Butter und 1 Prise Salz zu den abgekühlten Kartoffeln geben und alles zu einem glatten Teig kneten. Den Teig zu einer Kugel formen und mit Klarsichtfolie umwickelt etwas ruhen lassen. Den Radicchio in feine Streifen und die Zwiebel in feine Würfel schneiden. Die Zwiebelwürfel in der Butter anschwitzen, die Schinkenwürfel dazugeben und mitgaren. Dann die Radicchiostreifen dazugeben und weich schmoren. Sobald der Radicchio weich ist, den Topfinhalt in ein Sieb gießen und dabei den Kochsud auffangen. Den Kochsud in einem Topf wieder erhitzen und mit in etwas Wasser angerührter Kartoffelstärke leicht binden. Den abgekühlten Radicchio wieder in den Sud geben und mit etwas Parmesan und Salz abschmecken.
Den Kartoffelteig auf einer bemehlten Arbeitsfläche dünn ausrollen und runde Formen ausstechen.
1 TL Radicciofüllung in die Mitte jedes Kreises setzen, die Teigränder zusammenklappen und zusammendrücken. Die Teigtaschen in Salzwasser 5 Minuten köcheln lassen.

Anrichten
Die gut abgetropften Teigtaschen auf die Teller verteilen und mit schäumender Butter übergießen. Den Parmesan und die Schnittlauchröllchen darüber verteilen und mit den Wiesenkräutern garnieren.

Rudi Kofler und Klaus Gasser – Kellerei Terlan mit Vinothek

~ Terlan ~

Von allen Kooperativen oder Genossenschaften, wie andernorts die Kellereien heißen, ist die Kellerei Terlan wohl – weltweit gesehen – die bekannteste, besser gesagt die berühmteste, ein großes Leitbild für alle nationalen wie internationalen Kollegen und dies nicht nur wegen der hohen Auszahlungspreise für die an der Kellerei beteiligten Terlaner Weinbauern. Das Erbe von Sebastian Stocker, dem legendären Terlaner Kellermeister, anzutreten, war ohne Frage keine leichte Aufgabe, dass aber der aktuelle Kellermeister Rudi Kofler den Terlaner Stil zu noch mehr Eleganz und Finesse weiterentwickelt und perfektioniert hat, darf man ruhig als einzigartige Leistung bezeichnen.

Was als Experiment des Alt-Kellermeisters Sebastian Stocker vor Jahrzehnten begann, als er heimlich von jedem Jahrgang rund 500 Flaschen versteckte, um zu sehen, ob sich seine Theorie von der Langlebigkeit der Terlaner Weine bewahrheiten würde, ist heute Terlans bestgehüteter Schatz. Die bis zu über 60 Jahre alten Weißweine, immer noch geprägt von kraftvoller Jugendlichkeit und gepaart mit lebendiger Säure, sind legendär.

„Wein hat eine Seele. Er braucht Liebe, Sorgfalt und auch seine kleinen Geheimnisse. Eines der Geheimnisse der Kellerei Terlan liegt in der Zeit. Denn wir geben unseren Weinen Jahre oder gar Jahrzehnte, um zu absoluter Vollendung zu reifen. Man sollte sich die Zeit nehmen, sie in Ruhe zu genießen."

Linke Seite oben und links: Die Terlaner Kellerei, Hort einiger der größten Weinschätze der Welt

Linke Seite rechts: Doppelte Weinkompetenz und Erfolgsgaranten – Klaus Gasser und Rudi Kofler

Ein weiteres Geheimnis der Kellerei Terlan ist das Weinarchiv. In rund 13 Metern Tiefe lagern hier etwa 100 000 Flaschen aller Jahrgänge von 1955 bis zum heutigen Tag, einzelne reichen gar noch weiter zurück. Oft wird das Weinarchiv mit einer Bibliothek verglichen: Es dient der Pflege der Jahrgänge, ist aber auch als eine Sammlung zu betrachten, die es ermöglicht, Vergleiche zu ziehen. Aus diesem Fundus kann man heute schöpfen, um die Entwicklung und Ausbaumethodik der Weine zu studieren und ein verstärktes Gefühl für die Grundlagen und die Natur der Weine zu entwickeln.

Der zweite im Bund des aktuellen Terlaner Erfolgsteams ist Klaus Gasser, ein gestandenes Mannsbild mit sprichwörtlich Wein in den Adern. Offiziell verantwortet er den Vertrieb dieser Vorzeigekellerei. Nicht jeder weiß, dass Klaus auch in allen önologischen Fragen ein ausgewiesener Fachmann ist und daraus natürlich seine beeindruckende Souveränität im Umgang mit dem Kulturgut Wein zu schöpfen weiß. Diese Souveränität drückt sich beispielsweise darin aus, dass er schon einmal in einer Präsentation der aktuellen Terlaner Weinunikate in Form einer Blindprobe einen „Grand Cru" aus dem Burgund vom dortigen Kultwinzer Etienne Sauzet als „Pirat" in die Probenreihe stellt. Nicht als Wettbewerb, sondern um mit dieser international anerkannten Benchmark deutlich zu machen, wo der Terlaner Qualitätsanspruch liegt. Ein anderes mal präsentiert er beim „Midnight Tasting" im Berliner Wein-Szenelokal Cordobar jungen Sommeliers das Terlaner Programm. Auf den Punkt gebracht, was Rudi Kofler als ruhender Pol in der Kellerei leistet, wird kongenial in der Öffentlichkeit weltweit von Klaus Gasser mit größter Leidenschaft in Szene gesetzt.

Alle Weine in diesem umwerfend guten Terlaner Sortiment zu würdigen, würde jeglichen Rahmen sprengen, bleibt zu sagen, dass bereits die weißen Basisqualitäten wie der klassische „Terlaner" oder der Sauvignon „Winkl" ein überragendes Preis-Leistungs-Verhältnis haben. Bei den Spitzengewächsen sind es der Weißburgunder „Vorberg", der mit internationalen Preisen und Spitzenratings überhäufte Sauvignon „Quarz" sowie die langlebige und mystische Cuvée aus Weißburgunder, Chardonnay und Sauvignon „Nova Domus", die Jahr für Jahr – hier gibt es keinerlei Qualitätsschwankungen – die Weinwelt begeistern. Einzigartig sind die weißen „Raritäten" und die grandiose „Grande Cuvée" als Primus inter Pares, welche als prominente Botschafter Südtiroler Weinkultur auf den Weinkarten der weltbesten Restaurants zu finden sind.

„Unser Wein bekommt die Zeit, die er braucht, um zu absoluter Vollendung zu reifen. Jede Rebe hat abhängig von Sorte, Standort und Alter unterschiedliche Bedürfnisse. In Terlan wird dieser natürliche Biorhythmus respektiert. Es werden bis zu 700 Stunden Handarbeit pro Jahr und Hektar in die teilweise steilen Hanglagen investiert. So entsteht Harmonie im Weinberg. Diese Harmonie übertragen wir in den Keller und geben dann dem Wein Jahre oder eben Jahrzehnte Zeit, um seinen Zenit zu erreichen. All diese Zeit ist in einer guten Flasche Wein gespeichert."

Oben: Blick aus der Weißburgunderspitzenlage Vorberg auf den Weinort Terlan

Links: Die Harmonie im Wein ist nicht nur glückliche Fügung der Natur, sondern bedingt auch viel Wissen darüber

Linke Seite: Blick in das Weinarchiv

Unten: Der große Auftritt der Biene – keine Weinkultur ohne vitale Kleinstlebewesen!

Florian Brigl – Weingut Kornell

~ Siebeneich ~

Das Weingut Kornell gehört zu den stattlichsten und schönsten Weinhöfen in ganz Südtirol und wurde gerade behutsam mit viel Fingerspitzengefühl renoviert und somit für eine glänzende Zukunft gerüstet. Verantwortlich für dieses Zukunftskonzept ist Florian Brigl.

Florian gehört zur Generation der Winzer, die weit herumgekommen sind und somit aus dem Erlebten und Erfahrenen klug reflektieren können. Er ist einer der ganz wenigen Südtiroler Winzer, der die überbordenden Alkoholwerte durchaus im Auge hat, beziehungsweise diese Weine überhaupt nicht für zukunftsfähig hält. Ähnlich wie die kluge und der Natur sehr zugewandte Maria-Teresa Mascarello vom berühmten Piemonteser Weingut Bartolo Mascarello schneidet Florian während der Wachstumsphase die Rebstocktriebe nicht ständig zurück und provoziert damit keine Gegenwehr des Rebstocks in Form von starkem Nachtrieb, sondern er wickelt die Triebe allesamt rund in die Laubwand und versucht, über das Laubmanagement den schnellen Zuckeraufbau durch die Fotosynthese in den Griff zu bekommen. Somit erklärt sich, dass Florians Weine keine Kraftprotze sind, sondern sich über eine sanfte und filigrane Art sowie über eine weniger üppige Aromatik in Szene setzen. Bekömmlichkeit ist kein leeres Versprechen auf Kornell, sondern ein tatsächlich gelebter prägender Leitgedanke.

„Ich habe das Glück und auch das Privileg, das geschichtsträchtige Vermächtnis unserer Vorfahren weiterzuführen. Kornell bedeutet für mich Heimat, hier ist mein Ruhepol. Unser Weingut soll auch für unsere Kinder und künftige Generationen Heimat und Energiequelle bleiben."

Linke Seite: Der sorgsam restaurierte Ansitz Kornell ist einer der schönsten Weinhöfe in ganz Südtirol

Oben: Perfekte – da natürliche – Ausbaubedingungen für die Kornell-Weine im historischen Gewölbekeller mit offenem Boden

Mit mehr als 700 Jahren Weingeschichte hat der Ansitz Kornell zwar einiges zu erzählen, doch die Wurzeln des Weinbaus liegen noch viel weiter zurück. Auf Schritt und Tritt begegnet man in Siebeneich Spuren von Rätern und Römern. Funde von verkohlten Weinkernen, Schöpfkellen, Bronzeblechgefäßen, Ackerhauen und Rebmessern aus dem 5. bis 3. vorchristlichen Jahrhundert zeugen von Jahrtausenden an Weinbautradition und Weinkultur.

Auf Ansitz Kornell gehören Weißburgunder, Sauvignon blanc und Gewürztraminer zum Sortiment der Weißweine. Bei den Roten sind es Merlot, Cabernet Sauvignon und Lagrein. Die Weine werden nach kontrollierter Stahltankgärung 14 bis 18 Monate in Barriques und großen Eichenfässern ausgebaut. Vor dem Verkauf reifen sie nochmals fast zehn Monate auf der Flasche.

Die familieneigenen Weinberge rund um den Ansitz in Siebeneich, in Eppan Berg und in Gries bei Bozen bilden die Grundlage für das heutige Weingut. Die Trauben wachsen auf einer Meereshöhe, die von 270 bis 550 Metern reicht, und reifen mit mehr als 2100 Sonnenstunden und kühlen Nächten auf quarzhaltigen Porphyrverwitterungsböden in Siebeneich und Kalk-Lehm-Formationen auf Eppan Berg.

Nach dem Tod des Grafen Karl von Wolkenstein-Rodenegg fiel der Besitz von Kornell auf dessen Enkel Gebhard Freiherr von Seiffertitz. 1911 erwarben die Benediktinerinnen von Habsthal den Ansitz Kornell. Die Schwestern aus Baden-Württemberg hatten den Ansitz in erster Linie als Geldanlage gekauft, nutzten in der Folge die schöne Anlage aber auch zum Wohnen. Mit der Angliederung Südtirols an Italien nach dem ersten Weltkrieg und dem Aufkommen des Faschismus wurden in den 1920er-Jahren die Handlungsmöglichkeiten für ausländische Staatsbürger zunehmend eingeschränkt. So fiel die Entscheidung, das Anwesen wieder zu verkaufen.

1927 erwarb es Leonhard Brigl, der einer traditionsreichen Weinhändlerdynastie im nahen Girlan entstammte. Seit damals ist der Ansitz Kornell mit der Familie Brigl verbunden. 1996 ging der Besitz über Erbschaft auf Florian Brigl über. Er führt heute die lange Weinbautradition auf Kornell weiter.

Florian Brigl und sein Team stehen für hochelegante, eher schlank gebaute Weine mit diskreter, niemals vorlauter, oder vordergründiger Aromatik

Josephus Mayr, meist gut gelaunt und immer voller Ideen, hat zu Recht Freude an den eigenen langlebigen Weinen

Josephus und Barbara Mayr – Weingut Erbhof Unterganzner

~ Kardaun/Bozen ~

In Kardaun am Ostrand des Bozner Beckens in 285 Metern Meereshöhe auf ortstypischen Porphyrfels gebaut, dort wo der Eggentaler Bach in den Eisack mündet, liegt der Erbhof Mayr-Unterganzner. Aufgrund der Nähe zum Fluss sind die Böden am Unterganznerhof Anschwemmböden, auch Alluvialböden genannt. Der Weinbergsboden selbst ist porphyrischen Ursprungs und wurde über die Jahrhunderte hinweg dem Flussbett der Gewässer abgerungen – zum Schutz vor gefährlichen Überschwemmungen umringt eine noch bestehende Wassermauer von 1779 den gesamten Weinhof. Bereits seit 1629 werden hier von Familie Mayr Reben kultiviert, heute sind das Josephus und Barbara Mayr.

Die leichte Struktur des Bodens, die durch das Anschwemmen entstand, ermöglicht eine rasche Erwärmung im Frühjahr und eine gute Durchlüftung sowie eine ideale Entwässerung. Die komplexe mineralische Zusammensetzung dieser tiefgründigen Böden bietet für die Rebe optimale Vegetationsbedingungen und verleiht den hier wachsenden Weinen ihren einzigartigen Charakter. Dabei hat sich der „Unterganznerbauer" – allen modernen Entwicklungen zum Trotz – der Pergelkultur verschrieben.

Südtirols erstes und bestes Olivenöl ist leider nur in streng limitierten Mengen erhältlich

„Ich liebe die Vielfalt nicht nur beim Wein, und deshalb bauen wir auch Kaki, Kiwi, Kastanien, Äpfel, Feigen und Oliven an. Mit letzteren beschäftigen wir uns nun schon sehr lange und sind stolz darauf, seit einigen Jahren in Eigenproduktion das erste Olivenöl Südtirols herzustellen – allerdings in sehr beschränkten Mengen."

Allerdings wird die Erziehung auf der Pergola so modifiziert, dass hohe Stockanzahlen pro Hektar gepaart mit niedrigen Stockerträgen die Qualität sichern. Durch sorgfältige Auswahl der Rebsorten, durch neue Erkenntnisse im Umgang mit der Ertragsregulierung und mit schonenden Pflegemaßnahmen wird dieses Ziel verfolgt. Bewusst verzichtet man auf Kunstdünger und Unkrautvernichtungsmittel. Um das angestrebt hohe Rebstockalter zu erreichen, werden die Weinberge nicht gänzlich gerodet, sondern nur teilweise durch neue Setzlinge verjüngt.

> **„Seit 1984 verwende ich keine Kunstdünger und Herbizide mehr in meinen Weingärten, jedoch beim Pflanzenschutz bin ich noch nicht so weit."**

Dem Lagrein – als wichtigster Weinsorte am Hof – wird besondere Aufmerksamkeit geschenkt: durch jahrzehntelange Selektionsarbeit sind Rebabkömmlinge entstanden, die weiterhin höchste Weinqualität garantieren. Das an die Amarone-Produktion angelehnte Trocknen der Lagrein-Trauben durch die Fallwinde aus den Bergen lässt hier einen der außergewöhnlichsten, eigenwilligsten und gesuchtesten Weine von ganz Südtirol entstehen, den „Lamarein".

Schon immer beschäftigten sich die „Unterganzners" mit der Kunst der Kellermeister. Beweis dafür ist ein gut erhaltenes Büchlein, dessen Inhalt als vollkommener Unterricht für Kellermeister gedacht war. Während die Weine früher ausschließlich in Holzfässern gelagert und auch außerhalb der Landesgrenzen transportiert wurden, sind die heutigen Keller mit Beton, Stahl und innovativen Techniken ausgestattet. Dennoch spielt das Holzfass nach wie vor eine herausragende Rolle. So werden die hochwertigsten Weine ausschließlich im Holzfass gelagert. Durch die bewusst schonende Verarbeitung der Trauben und durch den vorsichtigen Umgang mit dem Endprodukt Wein soll die im Weinberg mühsam erarbeitete Qualität gefördert und erhalten werden.

Simon Mayr, „Küchenmayr" in Völs am Schlern, hatte 1629 den Unterganznerhof käuflich erworben. Die Familie Mayr lebt und arbeitet dort seit nunmehr zehn Generationen. Der Besitz wurde immer in direkter Erbfolge vom Vater an den Sohn weitergegeben. So ist das Anwesen typisches Beispiel eines „geschlossenen Hofs".

Links: Barbara und Josephus Mayrs kleine, spontane Hausmusik

Christian Plattner – Weingut Ansitz Waldgries

~ St. Justina/Bozen ~

Christian Plattner ist der Archivar oder besser gesagt der Lordsiegelbewahrer der ursprünglichen Vernatsch-Spielarten. Einer der beliebtesten Weine seines wunderschön am Fuße des Ritten gelegenen Weinguts war die saftig kraftvolle Cabernet Sauvignon Riserva „Laurenz" aus der Rebsorte, die bekanntlich im Bordeaux und im Napa Valley die teuersten Weine der Welt hervorbringt.

Die Betonung liegt allerdings auf „war", denn diese edlen Reben mussten ganz gegen jeden Trend der „einfacheren" Rebsorte Vernatsch weichen, von der weltweit kein einziger teurer Wein produziert wird! Umso bewundernswerter ist es, was Christian Plattner hier visionär und überzeugt in dieses Ur-Südtiroler-Weinkulturgut investiert hat. „Wie hat der St. Magdalener zu Urgroßvaters Zeiten geschmeckt?" Dieser zentralen Frage ist Christian Plattner nachgegangen und hat, wie damals üblich, wieder den gemischten Rebsatz aus den alten Vernatsch-Spielarten angepflanzt, um somit den Ur-St.-Magdalener aufleben zu lassen.

Dieser besondere Vernatsch, inzwischen ein Prestigewein mit Kultpotential, heißt „Antheos", vom Wortstamm für Enthusiasmus stehend. Auf dem Etikett sieht man die Waldgries-Turmuhr mit dem Zeiger auf fünf vor zwölf, was auf den drohenden Verlust der Vernatsch-Rebsortenvielfalt hinweisen soll.

Unnötig zu sagen, dass dieser Wein inzwischen hier in Südtirol Furore macht, wenngleich er preislich wohl nie in die Höhen schießen wird, in die sein französischer Vorgänger Cabernet Sauvignon auf diesem Weingut hätte gelangen können.

Links: Christian Plattner, der qualitätsbesessene Waldgries-Winzer, tritt aus dem Schatten des Vaters heraus

Linke Seite: Klassische Pergeln im Ansitz Waldgries mit Blick auf den Rosengarten

Die Rebanlagen am Ansitz Waldgries genießen ein einzigartiges mildes Mikroklima, es gedeihen auch Zypressen, Oliven- und Feigenbäume, Palmen und Kakteen. Rund 200 Sonnentage im Jahr mit einer durchschnittlichen Tageshöchsttemperatur im Sommer um 30 Grad werden hier gezählt. Der Rebhügel, auf dem das Dörfchen St. Magdalena thront, unter dem der Ansitz Waldgries liegt, verleiht der Kulturlandschaft um Bozen südliches Flair und dem hier produzierten Wein den Namen. Nur in dieser geographisch abgegrenzten Region wird der St. Magdalener Classico produziert. Ein Lagenwein bestehend aus Vernatsch und einem kleinen Anteil Lagrein. Der Vernatsch für den St. Magdalener Classico im Ansitz Waldgries wird zusammen mit 7–8 Prozent Lagrein vergoren und im großen Holzfass ausgebaut. Der Erdboden setzt sich aus vielen verschiedenen Komponenten zusammen, er gibt den Reben Halt, Nahrung und Wasser. Die verschiedenen Bodenarten wirken sich direkt auf den Wein aus. Die Böden in St. Magdalena bestehen aus verwittertem Bozner Porphyr und sandigem Glazialschotter.

Die Weine, die auf diesen Böden gedeihen, haben eine ausgeprägte Fruchtaromatik gepaart mit einer feinen Würze. In einer weiteren Lage von Christian Plattners Weingut in Eppan sind es auf 570 Metern Meereshöhe kalkreiche Lehmböden. Der Sauvignon „Myra" wird hierzu äußerst vielschichtig mineralisch und knackig frisch. In Eppan-Schwarzhaus besteht der Boden auf 500 Metern Meereshöhe aus Moränenschutt mit Kalkablagerungen und hohem Lehmanteil. Auf diesem Boden wird der Weißburgunder „Isos" besonders harmonisch, ausdrucksstark und gehaltvoll. Bei den Lagen in Auer auf 200 Metern Meereshöhe handelt es sich um durchlässige Alluvialböden, teilweise mit höherem Lehmanteil, dies gibt dem Lagrein viel Charakter und einen feinwürzigen Nerv.

Die traditionelle Pergel, ein Rebenerziehungssystem, bei dem sich ein Laubdach entwickelt, ist sehr arbeitsintensiv. Der St. Magdalener des Ansitz Waldgries wächst auf der klassischen Pergel. Durch die leichte Beschattung bleiben Frucht und Säure besser in den Trauben erhalten, so bekommt der Wein mehr Finesse. Der Lagrein in Waldgries hingegen wächst auf Drahtrahmen in Form eines Doppelbogens. Die Trauben sind mehr der Sonne ausgesetzt. Der Wein bekommt

Christian Plattner feilt unentwegt am Schliff und der hohen Qualität seiner feinen Weine

dadurch mehr Dichte und eine intensivere Farbe. Das ist wichtig für die Langlebigkeit des Lagreins, der im Waldgries-Keller zu einem der besten Südtiroler heranreift. Schon der „einfache" Einstiegswein ist enorm dicht mit feiner Würze, die Lagrein Riserva ist fast schon ein Monument, der Lagrein „Mirell" ist überragend in seiner Konzentration, gepaart mit einer enormen Vielschichtigkeit, die „Superriserva" heißt „Roblinus de Waldgries". Sie wird nur in herausragenden Jahren produziert.

Für die Bewirtschaftung dieser Anlagen sind pro Hektar bis zu 800 Arbeitsstunden notwendig. Bei den Pergeln ist fast alles mühselige Handarbeit. Die Hänge hier sind nur mit einem kleinen, schmalen Knicktraktor zu befahren, ganz besonders aufwendig ist die Traubenlese und das Mähen im Hang. Die gesamten 7,2 Hektar des Weingutes werden von Christian Plattner, seiner Frau, seinen Eltern, zwei stetigen Mitarbeitern und drei Saisonarbeitern bearbeitet. In den Weinbergen von Waldgries finden sich 3500 Laufmeter Weinbergmauern, davon sind 1800 Meter Trockenmauerwerk. Sie bestehen aus den Gesteinen der Region: Porphyr, Sandstein und Granit. Die Instandhaltung dieser Mauern ist mit viel Aufwand verbunden, Teile davon müssen fast jährlich erneuert werden.

Das Weingut Ansitz Waldgries stammt aus dem 13. Jahrhundert, 1242 wurde es erstmals namentlich erwähnt. Roblinus de Waldgries war der erste Eigentümer, nach ihm wurde der beste Lagrein benannt. Dann folgten während der vergangenen Jahrhunderte 14 verschiedene Besitzer. Lange Zeit war das Weingut im Besitz des Tiroler Nonnenklosters Sankt Klara zu Hall. 1930 erwarb Großvater Heinrich Plattner den Ansitz Waldgries und begründete das heutige Weingut. Ihm folgte Sohn Heinrich und nun führt Christian Plattner dieses Erbe fort: immer mit Begeisterung und einer harmonischen Mischung aus Tradition und Innovation.

Oben: Auf dem Etikett von Christian Plattners St. Magdalener „Antheus" steht die Turmuhr vom Ansitz Waldgries auf „fünf vor zwölf" und mahnt vor dem Vergessen alter Weinbautraditionen

BOZEN – RITTEN – SARNTAL – ROSENGARTEN

Der Patscheiderhof inmitten von Reben, alten Apfelbäumen und Esskastanien ist durch Luis Rottensteiner zum Inbegriff der echten Südtiroler Küche geworden: überragender Geschmack, gepaart mit allerbester Handwerklichkeit bei gleichzeitig großer Bodenständigkeit

Familie Luis Rottensteiner – Gasthaus Patscheiderhof

~ Signat / Ritten ~

Was Luis Rottensteiner Tag für Tag hier auf der Sonnenseite des Bozner Hausbergs Ritten unterstützt von der ganzen Familie so leistet, ist eigentlich nicht in Worte zu fassen. Seit über drei Jahrzehnten bietet er Sensationelles und Einmaliges in der ungekünstelt schönen Stube des Patscheiderhofs. Zusammen mit der omnipräsenten Ehefrau Edith am ständig klingelnden Telefon, in der Küche, beim Kuchenbacken oder im Service als souveräne und stets bestens gelaunte Gastgeberin, mit Luis' Schwester Greti und ihrer umsichtigen Tochter Doris.

Einfach klingende Gerichte wie Kartoffelteigtaschen, Topfennocken oder Schlutzkrapfen werden in den Händen von Luis Rottensteiner zu kulinarischen Kunstwerken, die in jedem Weltklasserestaurant, wenn sie dort denn aufgetragen würden, allergrößten Beifall bekämen und keinerlei Konkurrenz mit Trüffeln, Hummer und Kaviar scheuen müssten. Ist das hier im Patscheiderhof Gebotene also tatsächlich einfach? Oscar Wilde, der einmal sagte: „Ich habe einen ganz einfachen Geschmack, ich bin immer mit dem Besten zufrieden", wäre sicherlich Patscheider-Stammgast gewesen und sehr wahrscheinlich gerne an dem kleinen Tisch am Ofen in der Stube gesessen, so wie das viele verwöhnte Stammgäste aus nah und fern mit Leidenschaft tun. Um diese Leistung für die vielen Gäste auch täglich abrufen zu können, benötigt man nicht nur eine eiserne Disziplin, sondern auch immenses handwerkli-

„Wir sind seit 1935 ein familiengeführter Gastbetrieb, mittlerweile in der vierten Generation. Kein Standard und kein Schnickschnack, sondern Gefühl und Empathie, sowohl in der Küche als auch im Service. Gelebte Gastfreundschaft, um gemeinsam das Leben zu feiern. Tradition, gepaart mit immer neuem Schwung, das ist der Patscheiderhof!"

ches Geschick und am allerwichtigsten unglaublich viel Liebe zu dem, was man tut, was Tochter Doris selbstbewusst mit dem ihr so typischen Augenzwinkern zusammenfasst.

Die Milzschnittensuppe, Buchweizen-Käse-Knödel mit Gorgonzolasauce, das inzwischen über den gesamten Alpenraum hinaus berühmte „Knödel-Tris", bestehend aus vier Varianten mit Rote Bete, Spinat, Käse und Topfen, die ungemein fluffig zarten Kartoffelnocken mit Rehragout, das herzhafte Gröstl mit Krautsalat, die lange im eigenen Saft geschmorten Schweinsrippelen mit Röstkartoffeln und Krautsalat und natürlich die täglich frische Kuchenparade von Edith mit der unwiderstehlichen Mohntorte sind alles kleine kulinarische Kunstwerke mit Suchtfaktor, allerdings ohne krank zu machen, sondern mit einer gehörigen Portion Streicheleinheiten für die Seele.

Patscheiderhof: Kartoffelteigtaschen

FÜR 4 PERSONEN

Für die Kartoffelteigtaschen
500 g mehligkochende Kartoffeln
Salz
2 EL geschmolzene Butter
1 Ei
1 Eigelb
frisch gemahlener schwarzer Pfeffer
frisch geriebene Muskatnuss
150 g Weizenmehl Type 405
40 g Zwiebeln
1 EL neutrales Pflanzenöl
½ Knoblauchzehe
200 g Ziegenfrischkäse
50 g Ricotta
1 EL gehackte glatte Petersilie
(oder andere Kräuter)
frisch gemahlener schwarzer Pfeffer

Für die Tomatenwürfel
1 EL Butter
1 Tomate, gehäutet und gewürfelt
Salz
frisch gemahlener schwarzer Pfeffer

Zum Anrichten
frisch geriebener Parmesan

Kartoffelteigtaschen
Die Kartoffeln waschen, in Salzwasser weich kochen und schälen. Anschließend abgießen, die heißen Salzkartoffeln durch eine Kartoffelpresse drücken und auskühlen lassen. Dann die Kartoffeln mit der geschmolzenen Butter und den Eiern vermischen und mit Salz, Pfeffer und Muskatnuss abschmecken. Am Ende das Mehl in den Teig arbeiten, eine Kugel formen und in Klarsichtfolie gewickelt etwa 30 Minuten ruhen lassen.
Für die Füllung die Zwiebeln sehr fein würfeln und im heißen Öl farblos anschwitzen, anschließend den fein gehackten Knoblauch zugeben und kurz mitbraten. Den Ziegenfrischkäse mit dem Ricotta, und der Petersilie vermengen und mit Salz und Pfeffer gut abschmecken.
Den Kartoffelteig etwa 5 mm dick ausrollen, aus dem Teig Kreise (8 cm Durchmesser) ausstechen, diese mit je 1 TL Füllung belegen und die leicht angefeuchteten Teigränder zu Halbmonden zusammenlegen. Dabei die Ränder gut andrücken. Die Teigtaschen etwa 4 Minuten in Salzwasser köcheln lassen.

Tomatenwürfel
Die Butter erhitzen und die Tomatenwürfel darin kurz anschwitzen, und mit Salz und Pfeffer abschmecken.

Anrichten
Die Teigtaschen auf Tellern anrichten, etwas Parmesan darüberstreuen und mit den Tomatenwürfeln garnieren.

Oben: Kaum irgendwo anders kann man den Blick auf den mystischen Rosengarten besser genießen als hier am Patscheiderhof

Links: Natürlich gehört auch ein guter Hauswein ins Programm, am besten herrlich frisch und unkompliziert als neuer Wein im Herbst beim Törggelen

Die St.-Magdalener-Winzer –

~ St.-Magdalener-Anbaugebiet ~

Vom Brenner her kommend liegt direkt vor den Toren der Südtiroler Landeshauptstadt Bozen das mit seinen Zypressen südländisch anmutende, nur etwas über 200 Hektar kleine Anbaugebiet des klassischen St. Magdaleners. Der Namensgeber für diese feinwürzige Rotwein-Spezialität ist das ganz idyllisch auf einem zentralen Hügel gelegene Dorf St. Magdalena mit seinem gleichnamigen, weithin sichtbaren weißen Kirchlein.

Zeitlos und unverwechselbar wie der St.-Magdalener-Wein – aus Vernatsch-Trauben und einem Anteil von in der Regel nicht mehr als zehn Prozent Lagrein – ist auch die Südtiroler Küche, welche ganz besonders geprägt ist von ihrem Umgang mit exotischen Gewürzen, wie beispielsweise Zimt als Zutat in vielen Rezepturen von Südtiroler Fleischgerichten und Wurstspezialitäten. Schon im 13. Jahrhundert, als der Zimthandel von Venedig aus kontrolliert wurde, war Bozen ein wichtiger Gewürzumschlagplatz, und die Einrichtung von Märkten war es, die die Entwicklung der Stadt damals deutlich vorantrieb. Kein Wunder also, dass sich in vielen typischen Südtiroler Rezepturen diese Gewürze wiederfinden. Gerichte, die sich mit der feinwürzigen, vom Lagrein-Anteil geprägten St.-Magdalener-Aromatik auf geradezu ideale Weise verbinden. Die von der kräftigen Rebsorte Lagrein herkommende Würze macht diesen Wein zu einem idealen Begleiter auch von exotischen oder asiatisch inspirierten Gerichten. Die sanft samtigen Gerbstoffe der Hauptrebsorte Vernatsch sind dabei die wunderbare Voraussetzung, diesen hellen Rotwein gekühlt zu Vorspeisen oder auch als gesprächsbegleitenden Aperitif zu genießen. Die in ganz Italien einzigartige, leichte Rotwein-Spezialität ist nicht nur als der Klassiker zu Schüttelbrot, Kaminwurzen und Bauernspeck auf den umliegenden Almhütten, sondern auch in den eleganten Vinotheken und Restaurants zu jungen Küchenklassikern bestens kombinierbar. Eine wohltuende Alternative zu den immer mehr konzentrierten und alkoholreichen Spitzenrotweinen, die leider zu oft für fein komponierte Kompositionen der jungen Avantgarde-Küche zu viel des Guten und geschmacklich eher erschlagend sind.

> **„Die unterschiedliche Vinifizierung in den einzelnen Betrieben ist ausschlaggebend auf die St. Magdalener Weinausprägung."**

Zu den unterschiedlichen Weincharakteristika der einzelnen St.-Magdalener-Lagen mit St. Justina, St. Peter und Leitach sei hier eine Publikation von vor rund 100 Jahren aus einer Beurteilung von Karl Portele, Fachlehrer der Lehranstalt in San Michele, zitiert: „Der St. Magdalener ist schöner rubinroter, mehr zartmilder feiner, als schwerer Wein, er verhält sich zum Justiner wie die Rose zur Nelke. Der Leitacher hat nicht den feurigen, reichen Traubenbukett-Charakter des Justiners, dafür ist er hart, mild und stahlig. St.-Peter-Weine gelten als alkoholreiche, etwas schwerere und extraktreiche Weine, welche einen feinen angenehmen Erdgeschmack besitzen. Die Weine von den Glazialschotterböden sind von großer Zartheit, Weichheit und Milde und zeigen in guten Jahrgängen einen vollschmeckenden, feurigen Charakter. Sie bauen sich rascher aus als jene der Mittel- und Oberlagen, weil sie weniger Säure haben. Sie sind in den ersten Jahren der Reife zu verbrauchen, da ihnen später die schöne Frische fehlt. Anders ist es mit den auf Lehmboden geratenen Gewächsen, besonders in der Lage um die St. Justina-Kirche."

Eine aktuelle Einteilung und Einschätzung der St.-Magdalener-Lagen stammt von Dr. Helmuth Scartezzini aus Bozen: „Die Hügel von St. Magdalena und St. Justina bis St. Georg in Wangg, der Hangfuß oberhalb von Rentsch, auch die so genannten Leiten von St. Peter bestehen aus sandigem Flussschotter aus der letzten Zwischeneiszeit. Sie weisen einen hohen Steingehalt auf, sind tiefgründig, leicht erwärmbar. In den höheren Lagen, etwa ab 400 Metern dieses Gebiets, findet man Moränenablagerungen von lehmiger Bodenart, somit mit besserer Wasserspeicherung, teilweise rötlich gefärbt durch die Verwitterung des Quarzporphyrs. Allgemein handelt es sich um lockere, durchlässige Sedimente aus der Eiszeit und jüngeren Flussablagerungen, als Gesteine kommen darin Quarzporphyr, Sandstein, Dolomit, Quarzphyllit, Gneis und Granit vor."

Das Weinbaugebiet des Bozner Leitach ist ebenfalls von Moränenablagerungen bestimmt. Am östlichen Ende von Leitach finden sich wiederum interglaziale Flussschotter. Auf kleineren Flächen treten Böden mit verwitterten Hangschutt aus Quarzporphyr auf. Der Schuttkegel des Rivelaun-Bachs, auf dem das Dorf Rentsch steht, ist aus rötlichen Anschwemmungsmaterial, welches aus Verwitterung des Quarzporphyrs besteht und besonders durch die Erosion der aufliegenden Moränenablagerungen geprägt ist. Die Böden am Schuttkegel sind somit lehmhaltiger. Längs des Eisackflusses liegen tiefgründige Schwemmlandböden mit feinerdigen und schotterreichen Schichten vor, die einen vergleichsweise hohen Karbonatgehalt aufweisen. Die Böden im klassischen Anbaugebiet unterscheiden sich vorherrschend im Anteil der Tonfraktion, was bei höherem Anteil zu leicht höheren Säurewerten und haltbareren Weinen beiträgt.

Die klimatischen Standortunterschiede, die so oft einen nicht unwesentlichen Teil der Weincharakteristik verursachen, sind bei einer Ausdehnung des klassischen St.-Magdalener-Gebiets auf einer Länge von 6,5 Kilometern mit vorherrschender Südexposition der Weinhänge nur geringfügig. Etwas bevorteilt ist der vordere Hangbereich von St. Peter bis nach St. Justina, da der Hangverlauf sich leicht westwärts krümmt, was allgemein die

höchsten Wärmesummen bedeutet. Nicht zu vergessen ist auch die vorherrschende Steilheit des Geländes, was wiederum durch einen steileren Einfallswinkel der Sonnenstrahlen eine vorteilhaftere Bodenerwärmung mit sich bringt.

In den anderen, leicht abgewandten Hangausrichtungen ergeben sich auch nur leichte Unterschiede, denn es handelt sich um das wärmste und – mit jährlich deutlich über 2000 Stunden Sonnenscheindauer – auch das sonnenreichste Weinbaugebiet des Landes. Unterschiedlich wirkt sich jedenfalls die Höhenlage aus, nachdem der Vernatsch-Anbau in den besten Lagen von Obermagdalena bis auf 700 Meter Meereshöhe steigt. Die erwähnte lange Sonnenscheindauer ergibt sich durch die große Entfernung zum Mendelgebirge, welches am Nachmittag die einzige Horizonteinschränkung darstellt, obwohl sich das St.-Magdalener-Anbaugebiet eigentlich in einem Gebirgstal befindet.

Rechte Seite: Die Bozener Hausweinberge rund um das weiße Kirchlein St. Magdalena (oben) mit den markanten Zypressen auf der Vorseite und auch dem Rosengarten im Hintergrund machen die klimatische Besonderheit dieses Weinbaugebietes deutlich

Die zehn besten Produzenten dieser in ganz Italien einmaligen Spezialität sind:

- Stephan Filippi – Kellerei Bozen in St. Magdalena (siehe auch Seite 119)
- Franz Gojer – Glögglhof in St. Magdalena
- Josephus Mayr – Erbhof Unterganzner in Leitach (siehe auch Seite 101)
- Christoph Mock – Mumelterhof in Leitach (siehe auch Seite 27)
- Johannes Pfeifer – Pfannenstielhof in Rentsch
- Christian Plattner – Ansitz Waldgries in St. Justina (siehe auch Seite 105)
- Stefan Ramoser – Fliederhof in St. Magdalena
- Thomas Rottensteiner – Obermoser in St. Magdalena
- Hannes Spornberger – Kandlerhof in St. Magdalena
- Hans Jochen Spögler – Larcherhof in Rentsch

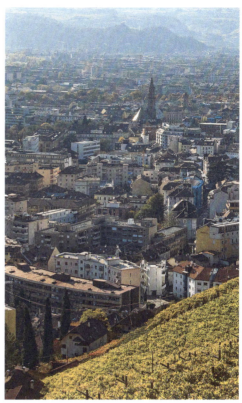

Apéro-Tour durch Bozen – Obstmarkt, Lokale und Weinbars

~ Bozen ~

Auch an einem verregneten Samstagvormittag führt der obligatorische Streifzug durch Bozen über den herrlichen Obstmarkt mit immer wieder köstlichen Entdeckungen hinein in die Lauben, wo gleich ganz vorne am oberen Eingang ein unscheinbares Schild zur Einkehr in das Thaler-Bistro „arôme" bei Flora Thaler und dem Servicechef Lukas mit dem schönsten Blick über die Dächer dieser quicklebendigen Stadt einlädt.

Lässt man sich weiter über den Obstmarkt treiben, kehrt man am besten zu einem weiteren Aperitif in der Weinbar „Banco 11" bei der liebenswürdigen und sehr weinkundigen Gastgeberin Birgitta Puustinnen aus Finnland ein.

Direkt rechts neben dem Eingang in Birgittas kleines Weinuniversum ist „da Andrea", der am besten sortierte Käse-, Speck- und Schinkenstand vom ganzen Obstmarkt. Zwischen Ostern und Allerheiligen ist ein Besuch beim launig-sympathischen Cobo, der selbst ein Gesamtkunstwerk ist, an den zu drei Aperitif-Tresen umgebauten und kunstvoll-feinsinnig dekorierten Fischbänken obligatorisch. Die hier immer à la minute zubereiteten Bruschette schmecken den vielen Stammgästen, Spitzenwinzern und dem Jahrhundertkoch Eckart Witzigmann gleichermaßen.

Immer lohnend und köstlich ist zum Abschluss dieses kulinarischen Spaziergangs die Einkehr bei Robert und Monica Wieser, Bruder und Schwester, in der „Kaiserkron", einem Lieblings- und Traditionslokal der Bozner. Südtiroler und italienische Klassiker von Monicas Ehemann, Claudio Melis, zeitgemäß interpretiert: hausgemachte Schlutzkrapfen mit brauner Butter und Parmesankäse, ein schmelziges Kürbiscreme-Risotto mit geschmorten Kräuterseitlingen und Stracchino-Käsecreme oder zarte Tortelli mit Amatriciana-Füllung, Rübensprossensauce und knusprigem Bauchspeck, als Hauptgericht das legendäre Freilandhuhn aus dem Holzkohleofen mit Rosmarinkartoffeln und als Nachspeise eine Kastanienmousse mit Milch- und Gerstenkrokant und Baiser. Ein Muss sind – wenn es sie gibt – die Pressknödel mit Krautsalat, nicht unbedingt das leichteste Gericht, aber einfach köstlich! Dazu gibt es Südtirols allerbeste Weine, vom Hausherrn Robert mit einem besonderen Adlerauge für junge hervorragende Winzer, kenntnisreich ausgesucht und empfohlen.

Einkaufstipps

~ Genussmarkt Pur Südtirol, Dr.-Julius-Perathoner-Str. 9
~ Coltelleria N. Lorenzi, Handgeschmiedete Sarner Messer und Küchenutensilien, Bindergasse 28
~ Johann Grandi, Bozens beste Bäckerei, Bindergasse 18

Linke Seite: Der Bozner Obstmarkt ist eine Institution und ein Aperitif im Banco 11, zwischen den Ständen ebenfalls

Oben: Die Sinnsprüche von Multitalent Cobo, der als Poet, Zeichner und Kommunikator das zentrale Medium an den historischen Fischbänken ist, verleiten zum dolce far niente

Links: Stephan Filippi ist der Gralshüter der Bozner Weinkultur, sein Engagement für den St. Magdalener wegweisend und sein Lagrein „Taber" monumental

Oben und unten: Der Anbau in der traditionellen Pergel-Erziehung ist bei weitem nicht veraltet und birgt viele Vorteile

Stephan Filippi – Kellerei Bozen mit Vinothek

~ Bozen ~

Stephan Filippi ist der hochgewachsene, immer bestens informierte und überaus umsichtige Kellermeister dieser großen und traditionsreichen Kellerei, die im Jahr 2001 aus den Genossenschaften St. Magdalena und Gries hervorgegangen ist. Vor allem mit der Lagenlinie hat er die Kellerei berühmt gemacht und mit seinem ausgeklügelten Parzellensystem Geschichte im Südtiroler Qualitätsweinanbau geschrieben.

Die Vielzahl der Anbaugebiete ermöglicht ein umfangreiches Sortiment. Die Trauben für den ausgezeichneten St. Magdalener „Huck am Bach" aus der Lagenlinie wachsen auf Hängen zwischen 250 und 500 Metern Meereshöhe im steilen Gelände des St.-Magdalener-Gebiets oberhalb von Bozen und reifen zu einem mittelkräftigen Rotwein mit fruchtigen und blumigen Noten, der zu vielen Gerichten der Südtiroler, der italienischen wie durchaus auch der asiatisch inspirierten Küche passt.

Die warmen Porphyrsteilhänge am Ritten oberhalb von Bozen bieten erstklassige Voraussetzungen, um einen Sauvignon mit einzigartiger Frucht, Mineralität, Eleganz und Tiefe zu produzieren. Der Ausbau der „Riserva", dieser so populären Rebsorte, erfolgt in Barrique- und Tonneau-Fässern, danach folgt eine weitere Reifungszeit in der Flasche. Das Resultat ist ein strohgelber Wein mit grünlichen Reflexen, intensiven Fruchtnoten von Stachelbeeren und Holunderblüten, mit straffer Kontur und unaufdringlich zarten Holzaromen. Der Lagrein „Taber" ist das Flaggschiff der Kellerei Bozen und auf allerhöchste Auszeichnungen in allen einschlägigen Weinführern abonniert. Der Lagrein, eine der typischsten Rotweinsorten Südtirols, gedeiht für diesen speziellen Wein in der Talsohle rund um Bozen bei hohen Temperaturunterschieden zwischen Tag und Nacht. Die sehr alten Reben bringen einen Wein von überdurchschnittlicher Qualität hervor, mit konzentrierten, aber samtigen Tanninen, saftiger Frucht und einem robusten Körper. Mehr als 80 Jahre sind die meisten Reben alt und wurzeln auf warmen, sandigen Schwemmböden in Gries bei Bozen. Nach der traditionellen Rotweinvergärung im Holzfass reift der junge Wein für rund ein Jahr in französischen Barriques.

All diese hervorragenden Weine sind in der betriebseigenen Vinothek zu sehr gemäßigten Preisen beim immer liebenswürdigen und hilfsbereiten Harald zu erstehen.

„Der respektvolle Umgang mit dem Weinberg und dem Traubengut zieht sich über alle Produktionsstufen hinweg. Er bringt qualitativ hochwertige und interessante Weine hervor, welche mit Originalität und Typizität überzeugen. Der beste Wein ist die leer getrunkene Flasche."

Die lange Tradition steht der Innovation hier nicht im Wege

1908 entschlossen sich 30 Grieser Bauern zur Gründung einer Weinbaugenossenschaft. Das Ziel, die autochthone Südtiroler Weinsorte Lagrein zu vinifizieren und zu vermarkten. Nach dem zweiten Weltkrieg gelang es der Kellerei Gries sich vor allem mit der Produktion des Lagrein Kretzers, einem Rosé, insbesondere auf dem deutschen Weinmarkt zu etablieren.

In den absatzschwierigen 1970er- und 1980er-Jahren schaffte es die Kellerei Gries, trotz turbulenter Zeiten durch die Umstellung der Produktion von Quantität auf Qualität, die Absätze der Paradesorte Lagrein am Markt zu festigen. In St. Magdalena wiederum schlossen sich im Jahr 1930 18 Weinbauern für eine bessere Vermarktung ihrer Weine zu einer Weinbaugenossenschaft zusammen.

Mit deren Leitsorte, dem St. Magdalener, war die Kellerei bis zum Ende der 1970er-Jahre recht erfolgreich und konnte ihr Exportgeschäft stark ausbauen. Die stetige Steigerung der Weinqualität machte den St. Magdalener trotz Weinabsatzkrise zur weit verbreiteten Weinsorte in Südtirol und im gesamten deutschsprachigen Raum. Heute hat die Kellerei Bozen 220 Mitglieder.

Unten: Stefan Filippi ist sich der Verantwortung um die Bozener Weinbautradition absolut bewusst und fühlt sich sichtlich wohl dabei

Rechte Seite oben: Im Bozener Ortsteil Gries wachsen auf sandigen Schwemmböden die besten Lagrein-Reben, auch für den famosen Taber

Rechte Seite unten: Der alte Gewölbekeller mit neuen Holzfässern und Barriques

Martin Gojer – Weingut Pranzegg

~ Bozen ~

Martin Gojer ist ein Radikaler und zwar im klassischen Sinn, denn er möchte bis zu den Wurzeln gehen und das tut er ohne jeden Kompromiss. So sind seine Weine geradlinig, kantig, manchmal erklärungsbedürftig, aber immer unverwechselbar. Im Grunde ist jedes dieser Unikate ein Fingerabdruck der Natur und des Charakters des Winzers. Dies ist kein einfacher Weg zum Erfolg, aber umso wichtiger, da auch in Südtirol der geschmackliche Mainstream teilweise Einzug gehalten hat.

Vielerorts heißt es nicht nur „easy listening", sondern auch „easy drinking". Das mag wohl zum Dolce Vita gut passen, aber im internationalen Wettbewerb in Sachen Weinprofil mit klarer Herkunftsidentität tun sich einige der großen Kellereien mit den geschmacklich geglätteten Weinen keinen wirklichen Gefallen. Pranzegg ist ein geschichtsträchtiger, bereits im 16. Jahrhundert erwähnter Hof in Bozen-Kampill. Die Weinbaufläche dieses historischen Guts beträgt lediglich rund zweieinhalb Hektar, von denen zwei in Kampill und ein weiterer halber Hektar bei St. Jakob südlich von Bozen liegen.

> „Stellen wir uns manchmal die Sinnfrage? Der Sinn unseres Seins? Zählt nur das Resultat? Wie sieht der Weg dorthin aus? Ich bin der Meinung, dass der Weg zum Ziel ganz entscheidend ist für das was am Ende rauskommt. Zufällig ist das in meinem Fall Wein. Könnte aber genauso gut ein Gericht, Buch oder Gemälde sein. Kompromisslos den Weg zu beschreiten und mir selbst treu zu sein, führt dazu, dass ich unverfälscht von dem erzählen kann, was um mich herum passiert! Vom Boden, vom Klima, vom Weinberg und vom Keller. Und selbstverständlich von der Historie, der Kultur und dem eigenen Animus."

Linke Seite: Martin Gojer ist ein Überzeugungstäter, radikal, sympathisch und charismatisch, aber auch durchaus selbstbewusst polarisierend. Seine Weine sind selbstredend wie der Winzer – eigenwillig und schlicht und einfach nicht zu ignorieren

Links: Innovative Konzepte in den historischen Gemäuern von Pranzegg

Martin Gojer erzählt: „Meine Familie bearbeitet seit 1935 den vom Wald umsäumten Weinhof in der dritten Generation. Wir verstehen unsere Arbeit als hartes, künstlerisches Handwerk im Bewusstsein, dass wir unsere Umwelt, unsere Böden und unsere Kinder damit direkt beeinflussen. Deshalb ist für uns der biodynamische An- und Ausbau die logische Konsequenz daraus. Die Leidenschaft eigenständige, lebendige und authentische Weine zu erzeugen, gibt uns die Möglichkeit, vor allem die Individualität der heimischen Sorten Vernatsch, Lagrein und unseres weißen gemischten Satzes auszuspielen. Das Gespür dafür, zurück zu den Wurzeln zu kehren mit dem Blick nach vorne, lässt uns unseren individuellen Kreislauf weiterentwickeln."

Beim Weinanbau legt Martin ein ganz besonderes Augenmerk auf die individuelle Bearbeitung der Rebstöcke, insbesondere beim Schnitt mit der „Simonit & Sirch"-Methode, mit vorsichtiger Laubarbeit und einem meist recht späten Lesetermin. Bereits seit langem werden hier keine

Oben: Durchblick im Hof
unten: Lowtech statt Hightech

Herbizide mehr eingesetzt und seit rund zehn Jahren kommen auch keine Fungizide und Insektizide mehr zum Einsatz. Seit 2016 ist der Hof auf die biodynamische Wirtschaftsweise umgestellt.

Dazu sagt der Winzer: „Für uns Weinbauern ist dies das beste Medium, um die Geschichte des Bodens, die augenblickliche Umgebung und die Projektionen unserer Träume erlebbar zu machen. In unseren steilen Weinbergen reifen Trauben, welche das alpin-mediterrane Klima widerspiegeln, als Schnittpunkt der romanischen und germanischen Kultur. Im Keller lassen wir die Weine im großen Holz Persönlichkeiten werden. Bewusst mutig, wild und doch kultiviert."

Vernatsch und Lagrein sind die wichtigsten Sorten von Pranzegg mit rund zwei Dritteln der gesamten Produktion von bis zu 25 000 Flaschen im Jahr.

Oben: Überblick zum Ritten, dem Hausberg der Bozener, nach Jenesien

Rechts: Selbstzweifel schaut anders aus

Oben: Der Treffpunkt in Bozen, bei Tag und bei Nacht – die Laurin-Bar im gleichnamigen Hotel

Links: Uralter Baumbestand im Hotelpark mit dem Sommer-Restaurant im Freien

Unten: Dolce Vita unter dem wachsamen Blick des Zwergenkönigs Laurin im Deckengemälde der Hotelbar, der den Rosengarten verzauberte und dem Hotel seinen Namen gab

Manuel Astuto – Restaurant und Parkhotel Laurin

~ Bozen ~

Ein erstklassiges, kulinarisches Highlight setzt in der Landeshauptstadt Bozen der hochtalentierte und umtriebige Küchenchef Manuel Astuto – gebürtiger Südtiroler mit sizilianischen Wurzeln – mit seiner selbstbewusst-eigenständigen Handschrift im ehrwürdigen, aber immer jungen Parkhotel Laurin. Hier findet man die vielleicht glücklichste Symbiose von süditalienischer Grandezza und Leichtigkeit mit Südtiroler Würze und Bodenständigkeit diesseits der Alpen, am allerschönsten in den Sommermonaten im Hotelgarten im Schatten von mächtigen Bäumen zu genießen.

Manuel ist zusammen mit seinem Stellvertreter und Souschef Michael „Much" Rabensteiner eine regelrechte „Kreativmaschine". Er spielt immer mit großer Virtuosität auf der Klaviatur der klassischen Küche, geprägt von seinem Lehrer Louis Agostinis, einem der großen Südtiroler Spitzenköche der ersten Stunde im sich zur hochwertigen Tourismus-Destination entwickelnden Südtirol der 1970er-Jahre. Diese Klassik zelebriert sich bei „Bollito misto" als Tagesmenü bis hin zum ganzen Wolfsbarsch aus Wildfang in der Salzkruste à la carte. Kreativ „gewürzt" wird das ganze mit wunderbaren, leicht verfremdeten, aber immer erkennbaren Zitaten aus der süditalienischen oder Südtiroler Küche.

Das kann eine kunstvoll wie geschmacksintensiv nachempfundene Aubergine, ein spektakuläres Risotto mit exotischen Gewürzen – viele Südtiroler Kollegen attestieren Manuel, der unumstrittene König in dieser Disziplin zu sein – oder auch die geliebten roten Garnelen sein, die aus der sizilianischen Heimat oft tagesfrisch eingeflogen werden und welche Manuel bevorzugt roh und puristisch auf einem rund geschliffenen Kieselstein anrichtet.

Der Service steht der fantastischen Küchenleistung in nichts nach, schöpft kenntnisreich aus einer großen Weinkarte mit allerlei nationalen wie internationalen Raritäten und behält selbst bei Stoßbetrieb, der in Bozen eigentlich alltäglich ist, stets souverän die Übersicht. Ganz besonders

Der Laurin-Küchenchef Manuel Astuto ist gesegnet mit großem Ideenreichtum und ebenso großer Umsetzungskraft

schön zu beobachten und mitzuerleben ist das Kommen und Gehen in der Laurin-Bar mit ihren beiden Freiluftterrassen. Hier trifft sich zu jeder Tages- und Nachtzeit ganz Bozen, Jung und Alt in immer wechselnden Szenarien. Dies kann die morgendliche Zeitungslektüre mit einem – sehr guten – Espresso genauso sein, wie ein abendlicher „Aperitivo lungo" mit Live-Jazz-Programm. Hier herrscht immer ein besonderes Flair, geprägt von einem immer aufmerksamen Service und unter der Ägide des wachsamen Blicks des Zwergenkönigs Laurin aus dem Deckenfresko.

Laurin: Borretsch-Risotto

FÜR 4 PERSONEN

Für die Gemüsebrühe
1 kg Gemüse (z. B. Lauch, Staudensellerie, Fenchel, Karotte und weiteres Saisongemüse)
50 g Zwiebeln
1 Knoblauchzehe
2 EL natives Olivenöl extra
1 Tomate
1 kleines Lorbeerblatt
Salz

Für die Borretsch-Creme
grobes Salz
500 g frische Borretschblätter (2 Bund)
etwas natives Olivenöl extra
Salz
frisch gemahlener schwarzer Pfeffer

Für den Risotto
3 EL natives Olivenöl extra
300 g Carnaroli Reis (Azienda Agricola Motta)
125 ml trockener Weißwein
Gemüsebrühe (siehe Teilrezept)
Borretsch-Crème (siehe Teilrezept)
20 g eiskalte Butter
15 g Parmigiano Reggiano Vacche Rosse (36 Monate gereift)
etwas Abrieb von 1 unbehandelten Zitrone
Salz
frisch gemahlener schwarzer Pfeffer

Für den Garnelenschleier
8 rote Garnelen aus Mazara del Vallo, Sizilien
1 EL natives Olivenöl extra

Für die Kalbskopf-Croûtons
1 Scheibe gepressten, gekochten Kalbskopf (ca. 2 cm)
1 EL gemixtes Schüttelbrot
1 Eiweiß
Salz
neutrales Pflanzenöl (z. B. Rapsöl) zum Frittieren

Zum Anrichten
einige Borretschblüten

Gemüsebrühe
Das Gemüse putzen, waschen und klein schneiden. Die Zwiebel und den Knoblauch häuten und vierteln. Das Olivenöl in einem hohen Topf leicht erwärmen und die Zwiebeln und den Lauch anschwitzen. Dann das restliche Gemüse und die Tomate dazugeben und ebenfalls anschwitzen. 2 l kaltes Wasser, das Lorbeerblatt, den Knoblauch sowie Salz hinzufügen und die Brühe 30 Minuten sieden lassen. Anschließend durch ein Sieb gießen und die Brühe in einem Topf auffangen. Es wird etwa 1 l Gemüsebrühe benötigt.

Borretsch-Creme
Reichlich Salzwasser zum Kochen bringen. Die Borretschblätter 30 Sekunden blanchieren und sofort in Eiswasser abschrecken. Anschließend die Blätter gut ausdrücken und mit wenig Olivenöl mit einem Stabmixer fein pürieren, bis eine glatte Creme entsteht. Die Creme mithilfe einer Teigkarte durch ein feines Haarsieb streichen, mit Salz und Pfeffer abschmecken und beiseitestellen.

Risotto
Das Olivenöl in einem breiten Topf erhitzen. Den Reis darin glasig schwitzen. Mit dem Weißwein ablöschen, diesen ganz einkochen lassen. Unter ständigem Rühren portionsweise heiße Gemüsebrühe angießen und diese verkochen lassen. Der Reis darf dabei immer nur leicht von der Gemüsebrühe bedeckt sein. Nach 16–17 Minuten sollte der Reis al dente sein. Den Topf vom Herd ziehen und die Borretsch-Creme, die kalte Butter und den Parmesan unterrühren. Mit dem Zitronenabrieb, Salz und Pfeffer abschmecken. Der Risotto soll flüssig bis cremig sein.

Garnelenschleier
Die roten Garnelen vom Panzer befreien und mit einem scharfen, spitzen Messer den Darm entfernen. Auf einem Küchenbrett Klarsichtfolie auslegen, diese leicht mit Olivenöl einstreichen und die Garnelen darauflegen. Dann eine zweite Klarsichtfolie darüberlegen und nun vorsichtig mit einem Fleischklopfer die Garnelen leicht plattieren und kalt stellen.

Kalbskopf-Croûtons
Die Kalbskopfscheibe in gleichmäßige Würfel schneiden. Das Schüttelbrot in einem Mixer fein zerkleinern. Das Eiweiß leicht aufschlagen, etwas salzen, die Kalbskopfwürfel darin eintauchen, dann in den Brotbröseln wälzen. Das Öl in einem Topf auf 170–180 °C erhitzen. Die Kalbskopfwürfel darin goldbraun frittieren. Auf Küchenpapier abtropfen lassen und warm stellen.

Anrichten
Den Risotto auf vorgewärmte Teller verteilen, den Garnelenschleier darauflegen und mit den Kalbskopf-Croûtons und Borretschblüten garnieren.

Das Vögele, mittags wie abends, sommers wie winters, immer gleichermaßen beliebt, bei jung und bei alt, die gute Stube Bozens beim Obstmarkt

Familie Wilhelm Alber – Gasthaus Vögele

~ Bozen ~

Das Gasthaus Vögele der Familie Alber am unteren Ende des Obstmarktes ist äußerst beliebt. Hier spontan einen Tisch in der schönen alten Stube zu ergattern, ist ein ganz großes Glück, daher ist es – wenn man nicht über persönliche Beziehungen verfügt – sehr empfehlenswert, ganz rechtzeitig, das heißt spätestens Viertel vor zwölf Uhr mittags, da zu sein.

Das Vögele, 1840 als Roter Adler eröffnet, wurde während des Faschismus der 1930er-Jahre unter dem Decknamen Vögele bis zum heutigen Tag von Künstlern, Schöngeistigen aber auch vielen Bozner Bürgern rege besucht. Schon damals schmeckten sicherlich die Frittaten mit Schnittlauch in der Fleischsuppe, heute dem Zeitgeist entsprechend auch Mehrkornrisotto mit Pragser Ziegenfrischkäse und Wurzelgemüsewürfeln, gebackene Boxelemehl-Maultaschen mit Brennnessel-Almkäse gefüllt oder die hausgemachten Schlutzkrapfen mit Spinat-Topfen-Füllung und Speckbutter serviert sowie die Lagrein-Nudeln mit Speckstreifen, Wirsing und mit Almkäse überbacken.

Der Durchgang zur Vögele-Bar mit geschütztem Außenbereich unter Lauben

„Seit 25 Jahren versuchen wir das Wirtshaus Vögele, das uns von der Künstler-Familie Kamaun anvertraute historische Gasthaus, im Sinne der Tradition zu führen. Unser Bestreben ist es, mit regionalen Produkten zu arbeiten, die Südtiroler Küche zu pflegen, aber auch mit ein bisschen Dolce Vita italienische Gerichte unseren Gästen zu bieten, um somit ein breit gefächertes Publikum in jeder Altersgruppe anzusprechen."

Im Obergeschoss des historischen Hauses, in welches man vorbei an der Küche über einen für die Häuser in der Bozener Altstadt so typischen Innenhof gelangt, kommt man in eine komplett andere Welt. Kunstvoll, modern gestaltete Räumlichkeiten als Kontrast zur gemütlichen Gaststube im Souterrain, ganz ideal für Familienfeiern oder für kulinarisch einfühlsam begleitete Weinproben im Freundeskreis. Denn Chef-Patron Wilhelm ist nicht nur ein hervorragender Koch, sondern auch ein großer Weinkenner mit einer entsprechenden Sammlung von reifen Pretiosen im Vögele-Keller und zusammen mit seiner Ehefrau ein ideales und ganz besonders liebenswürdiges Gastgeberpaar, wie man es im pulsierenden Bozen kein zweites Mal findet!

Vögele: Erdäpfelplattlen

mit Vinschger Sauerkraut

FÜR 4 PERSONEN

Für die Erdäpfelplattlen
1,2 kg mehligkochende Pustertaler Kartoffeln
200 g Weizenmehl Type 405
100 g Hartweizengries
75 g weiche Butter
2 Eier
2 Eigelb
Salz
frisch gemahlener schwarzer Pfeffer
1 Prise gemahlener Kümmel
5 EL neutrales Pflanzenöl

Zum Anrichten
500 g Vinschger Sauerkraut (gekocht)
eingelegte Preiselbeeren

Erdäpfelplattlen
Die Kartoffeln in Salzwasser weich kochen, abgießen, sofort schälen, passieren und auskühlen lassen. Anschließend alle weiteren Zutaten bis auf das Öl mit den Kartoffeln zu einem glatten Teig verarbeiten. Auf einer leicht bemehlten Arbeitsfläche den Teig dünn ausrollen und mit einem Teigrädchen in kleine rechteckige Stücke schneiden. 2 EL Öl in einer Pfanne erhitzen und die „Plattlen" darin portionsweise hellbraun ausbacken. Bei Bedarf noch etwas Öl in die Pfanne geben. Die fertigen Erdäpfelplattlen aus der Pfanne nehmen und auf Küchenpapier gut abtropfen lassen.

Anrichten
Das gekochte Sauerkraut auf den vorbereiteten Tellern anrichten und die Erdäpfelplattlen darauflegen. Die eingelegten Preiselbeeren separat dazu reichen.

Er ist immer bestens gelaunt und verantwortlich für die gute Küche: Chef-Patron Willy Alber

Egon Heiss – Restaurant Alpes im Hotel Bad Schörgau

~ Sarntal ~

Das Sarntal führt, trotz seiner Nähe zu Bozen, ein Eigenleben. Geradezu beschaulich geht es zu zwischen Sarnthein und Pens. Ein wiederum eigener Mikrokosmos ist das 1689 erstmals urkundlich erwähnte Bauern-Bad Schörgau mit seinem heutigen Restaurant Alpes. Ein Ort, an dem exzellente Gastronomie Tradition hat, die Egon Heiss seit einigen Jahren zu wahren Höhenflügen führt.

Sehr gut essen konnte man schon länger in dem ehemaligen Bauernbad. Sepp und Rosi Wenter hatten das Haus 1986 erworben und zu einer renommierten Feinschmecker-Adresse gemacht, nach dem unerwarteten Tod von Sepp Wenter übernahm Sohn Gregor 2002 die Küche. Einen Quantensprung bedeutete 2010 der Einstieg von Gregors Schwager, Egon Heiss, in den Betrieb. Der gebürtige Sarntaler hat seinen Beruf von der Pike auf gelernt und international Erfahrungen gesammelt. Nach der Ausbildung zum Koch machte Egon zuerst bei den besten Adressen der Region Station wie im La Perla in Corvara und bei Norbert Niederkofler in St. Kassian, danach folgte London. Wieder zurück in Südtirol ging er zu Gerhard Wieser und dann als Küchenchef ins Laurin in Bozen. Mit der Eröffnung des Restaurant Alpes hob er gemeinsam mit Patron Gregor Wenter die Kulinarik im Bad Schörgau auf eine neue Stufe.

> **„Wir verwenden einheimische Produkte, direkt vom Bauern. Von den Eiern über die Milch bis hin zum Gemüse oder Obst, Fleisch und Süßwasserfischen, wir kennen alle Partner persönlich."**

Linke Seite: Gregor Wenter in seinem Universum

Gerade einmal 15 Plätze bietet das Restaurant Alpes im Hotel Bad Schörgau im elegant gehaltenen „Lila Dining Room" sowie in der vertäfelten Bauernstube, die geschmackvoll Tradition mit modernen Elementen verbindet. Eine Idee, die sich auf den Tellern fortsetzt. Zwei Menüs stehen zur Wahl: „Tradition" und „Zeitgeist". Im ersten fokussiert sich Heiss auf Produkte der Region und die Neuinterpretation von überlieferten Gerichten, das zweite fängt mehr von der großen kulinarischen Welt ein und es kommt schon mal eine bretonische Seezunge auf den Teller. Die Küche von Egon Heiss arbeitet mit markanten Aromen, die nicht ins Aufdringliche abgleiten, sie ist verspielt, ohne versponnen zu sein. So zu kochen erfordert dreierlei: handwerkliche Perfektion, Kreativität und beste Produkte. Forelle, Saibling oder Renke aus dem Passeiertal werden schonend geräuchert oder sanft gegart, ein Ausrufezeichen setzt der Risotto mit Latschenkiefer. Dass ein Dessert „Südtiroler Bergbauernmilch" heißt, ist nur konsequent. Die Milch kommt als Variation auf den Teller, als Mini-Käsekuchen, Joghurtpraline und Buttermilcheis. Wobei die Milch im Alpes eine wichtige Rolle spielt, denn Patron und Gastgeber Gregor Wenter ist ein echter Käse-Fan. Seine Begeisterung für Käse wird nur noch von seiner Liebe zum Wein übertroffen.

Das zeigt sich im Weinkeller, wo Südtirol in einer seltenen Vielfalt vertreten ist. Alle großen Namen vom Eisack und Etsch sind hier versammelt. Sogar die raren Tropfen vom legendenumwobenen Ansitz Dolomytos sind mit vier Etiketten zu finden.

Alpes:
Rote-Bete-Tortelloni

mit Alpkäse vom Hinterproslhof, roten Johannisbeeren und schwarzer Trüffel

FÜR 4 PERSONEN

Für die Rote-Bete-Tortelloni
575 g Weizenmehl Type 405
250 g passierte gekochte Kartoffeln
ca. 100 g Rote-Bete-Saft
Salz
75 g Butter
500 ml Vollmilch
250 ml flüssige Sahne
frisch geriebene Muskatnuss
50 g geriebener Parmesankäse
(24 Monate gereift)
75 g geriebener Alpkäse vom
 Hinterproslhof (6 Monate gereift)
etwas Walnussöl
etwas Abrieb von 1 unbehandelten
Zitrone
50 g Eigelb

Für die roten Bete in Johannisbeermarinade
2 mittelgroße Knollen rote Bete
100 g Johannisbeerfruchtmark
(30 % Zuckeranteil)
30 g Himbeeressig (5 % Säure)
10 g Wasser
etwas Xanthan

Für die getrüffelte Fonduta
17 g Butter
17 g Weizenmehl Type 405
450 ml Vollmilch
220 ml flüssige Sahne
70 g geriebener Parmesan
(24 Monate gereift)
100 g geriebener Alpkäse vom
Hinterproslhof (6 Monate gereift)
etwas gehackte Norcia-TrüffelRote-Bete-Tortelloni

Tortelloni:
Aus 500 g Mehl, den Kartoffeln, dem Rote-Bete-Saft und 1 Prise Salz einem geschmeidigen Teig kneten und eine Rolle daraus formen. Diese mit Klarsichtfolie umwickeln und den Teig ruhen lassen.
Die Butter erhitzen und das restliche Mehl einrühren. Die Milch unter Rühren dazugeben. Anschließend die restlichen Zutaten unterrühren und den Inhalt des Topfs in den Rührtopf eines Thermomixgeräts umfüllen. Die Fonduta 5 Minuten bei 85 °C weiterrühren lassen, damit das Eigelb emulgiert.
Anschließend den Kartoffelteig auf einer bemehlten Arbeitsfläche ausrollen und Quadrate mit einer Seitenlänge von etwa 6 cm ausschneiden. In die Mitter der Teigplättchen jeweils einen Teelöffel Füllung setzen, zwei gegenüberliegenden Ecken zu einem Dreieck übereinander falten und gut angedrückt. Anschließend die beiden weiter voneinander entfernten Ecken über dem Dreieck zusammenziehen und zur klassischen Tortelloniform aneinanderdrücken. Die Tortelloni vor dem Servieren in kochendes Salzwasser einlegen und je nach Dicke in 5–10 Minuten gar ziehen lassen.

Rote Bete in Johannisbeermarinade

Die roten Beten bei 85 °C weich dämpfen und schälen. (Zum Schutz der Hände vor Verfärbungen am besten Einmalhandschuhe tragen). Die Beten in die gewünschte Form schneiden und in eine Schale geben. Alle restlichen Zutaten gut vermischen, zwei Drittel der Marinade über die roten Beten gießen und vorsichtig durchmischen. Die restliche Marinade mit Xanthan zu einem Gel abbinden und in einer flachen Schale fest werden lassen. Vor dem Servieren das Gelee in Form schneiden.

Getrüffelte Fonduta

Die Butter erhitzen und das Mehl einrühren. Die Milch und die Sahne mischen und unter Rühren dazugeben. Anschließend den Käse und die gehackte Trüffel unterrühren und den Inhalt des Topfs in den Rührtopf eines Thermomixgeräts umfüllen. Die Fonduta 10 Minuten bei 80 °C weiterrühren.

Anrichten

Die Tortelloni mit der getrüffelten Fonduta auf den vorbereiteten Tellern anrichten und die etwas abgetropften roten Beten daneben anrichten. Mit dem Johannisbeergelee garnieren.

Ganz oben: Spitzenkoch Egon Heiss mit dem regionaltypischen Grundprodukt

Bodenständigkeit in der Produktwahl und hohe Ästhetik in der kulinarischen Inszenierung schließen sich in der Alpes-Küche nicht aus

Heinrich und Gisela Schneider – Restaurant Terra mit Relais & Châteaux Hotel Auener Hof

~ Sarntal ~

Das Hotel Auener Hof ist sicherlich eines der außergewöhnlichsten Häuser im ganzen Alpenraum. Es ist weniger die pure Architektur, die hier beeindruckt, vielmehr ist es das ganz besondere und außergewöhnliche Gefühl, welches Bruder und Schwester Schneider für ihre beiden Berufe aufbringen und welches sie unnachahmlich an die Gäste weitervermitteln können.

Was so einfach wie schlüssig klingt, ist natürlich ungemein komplex angelegt und daher in dieser Ausprägung und Qualität kein zweites Ma(h)l zwischen Kopenhagen und Barcelona zu finden. Es geht nicht um Effekthascherei oder die Demonstration von aufwendig schwierigen Kochvorgängen, sondern hier hat jemand sein ureigenes Thema gefunden. Ganz analog zur Küche René Redzepis in Kopenhagen oder der Küche der beiden Brüder Ferran und Albert Adrià in Barcelona erzählen Heinrich und Gisela Schneider Geschichten: Gang für Gang, Kapitel für Kapitel, jedes eine ineinandergreifende kleine kulinarische Anekdote für sich. Eine höchst emotionale Erfahrung, auf die man sich einlassen sollte. Der außergewöhnliche Platz jenseits von jeglicher Alltagshektik mit den umliegenden Wiesen und Wäldern ist dafür jedenfalls absolut ideal gewählt.

„Nichts ist so spannend, authentisch und geheimnisvoll wie die Natur. Das Entdecken und Verarbeiten von Wildpflanzen ist meine größte Leidenschaft. Sie geben mir unendlich viel Motivation und prägen meinen ganz eigenen Küchenstil."

Linke Seite oben: Ziegen auf der Getrumspitze
Linke Seite unten: Blick vom Pichlberg

Es ist, so einfach es wieder klingen mag, die denkbar natürlichste Umgebung für diese sinnliche Naturerfahrung. Keine hochtechnisierten Kochkomplikationen, sondern selbsterklärende Gerichte mit ihren Geschichten verstecken sich hinter den Überschriften der einzelnen Menü-Gänge und warten darauf, die Gäste zu verzaubern und sie in den Bann dieser von der umliegenden Natur geprägten Erfahrung zu ziehen.

Unnötig zu sagen, dass Gisela Schneider als Gastgeberin und Sommelière diese so sinnlichen wie ästhetischen Erfahrungen nicht nur umsichtig zu begleiten, sondern zu unterstreichen weiß. Dazu steigt sie hinauf in die gläserne Weinbibliothek, in der alle Schätze liegen, und wählt mit sicherer Hand genau die Weine aus, die sich nicht als Selbstzweck in den Vordergrund spielen, sondern die, welche die natürlichen, immer harmonisch abgestimmten und nie vordergründig lauten Geschmackserlebnisse aus des Bruders Küche zu begleiten, eben genauso harmonisch zu unterstreichen wissen, dabei diese niemals übermalen oder durch inszenierten geschmacklichen Kontrast dominieren wollen.

Ein großes Erlebnis für alle Sinne, für das man tatsächlich etwas mehr Zeit und deutlich mehr Muße als für ein nettes Abendessen vor dem Kinobesuch benötigt. Filmvorführungen gibt es eh keine im Auener Hof, aber die denkbar größte Leinwand mit dem atemberaubenden Panoramablick in die Alpen und das Terra-Erlebnis an sich ist ein ganz großes Kino!

Auener Hof: Hefespaghetti,

Verbene und junge Schafgarbe mit Schaum vom getrockneten Waldmeister

FÜR 4 PERSONEN

Für die Hefespaghetti
50 g frische Hefe
40 g Vollmilch
1 Ei
1 Eigelb
1 EL natives Olivenöl extra
300 g Weizenmehl Type 405
50 g feiner Hartweizengrieß und etwas mehr für das Blech
Salz
30 g Nussbutter
10 g junge Schafgarbenblätter
Abrieb von 1 unbehandelten Limette
10 g Zitronenverbene
frisch gemahlener roter Pfeffer

Für den Walmeisterschaum
300 g mehligkochende Kartoffeln (z. B. Bintje)
Salz
475 ml Vollmilch
100 ml flüssige Sahne
15 g getrockneter Waldmeister
etwas natives Olivenöl extra

Zum Anrichten
Schafgarbenblätter
Zitronenverbene

Hefespaghetti
Die Hefe, die Milch, das Ei, das Eigelb, das Olivenöl, das Mehl, den Grieß und 1 Prise Salz mithilfe einer Küchenmaschine zu einem sehr festen Teig verarbeiten. Den Teig anschließend vakuumieren und 1 Tag im Kühlschrank ruhen lassen. Dann den Teig aus der Verpackung lösen und nochmals gut durchkneten. Abermals vakuumieren und jetzt bei Raumtemperatur 1 Stunde ruhen lassen. Anschließend den Teig mit einer Nudelmaschine zu Spaghetti verarbeiten und diese auf einem mit Hartweizengrieß bestreuten Blech ausbreiten.
Vor dem Servieren die Spaghetti in kochendem Salzwasser 20 Sekunden kochen, dann abgießen und gut abtropfen lassen. In einer Pfanne die Nussbutter erhitzen, die Spaghetti und die restlichen Zutaten dazugeben. Die abgetropften Spaghetti gut durchschwenken und abschmecken.

Walmeisterschaum
Die Kartoffeln schälen, halbieren und in Salzwasser weich kochen. Die Milch und die Sahne mit dem Waldmeister aufkochen, 20 Minuten ziehen lassen und dann durch ein Sieb gießen. Die weich gekochten Kartoffeln mit der Waldmeistermilch und dem Olivenöl in einem Standmixer sehr fein pürieren. Die Masse durch ein feines Sieb passieren und anschließend in eine Espumaflasche (Sahnesiphon) füllen.

Anrichten
Den Waldmeisterschaum auf die vorbereiteten Teller spritzen, die Spaghetti als Nest darauf anrichten und mit Schafgarbenblättern und Zitronenverbene garnieren.

Links: Heinrich und Gisela Schneider, Bruder und Schwester auf Augenhöhe, Inhaber und Gastgeber im Auener Hof

Unten: Chef-Patron Heinrich Schneider inmitten der nahezu unberührten Natur vor dem Auener Hof auf über 1600 Höhenmetern

Die für Südtirol so typische Lärche, in zartgrüner Verfärbung im Herbst vor dem Tierser Kirchlein zum Hl. St. Georg mit der roten Zwiebelhaube als Turmhelm von 1739

Peter und Katharina Pircher – Hotel Paradies mit Restaurant

~ Tiers am Rosengarten ~

Tiers selbst ist ein ruhiges Dörfchen, das auf 1028 Metern Meereshöhe am Fuße von Schlern und Rosengarten liegt. Schon seit Jahrzehnten kommen im Paradies die älteren Herren des Dorfes zum traditionellen Kartenspiel „Watten" zusammen. Zum Trinken gibt es dabei einen Roten. Hier treffen Einheimische und Gäste, Wanderer und andere Ausflügler zusammen.

Der Gewölbekeller, der nach altem Vorbild wiederhergestellt wurde, ist die Schatzkammer des Hauses und bietet einen idealen Rahmen für Feiern und Feste, Weinverkostungen sowie kleine und große kulinarische Genüsse. Dort nimmt man Platz an einer geschichtsträchtigen Tafel, die aus dem alten Dielenboden des ehemaligen Ansitzes der Schlossherren von Velseck gefertigt wurde und verkostet lokale Spezialitäten wie echten Bauernspeck, Almkäse, Völser Schüttelbrot und Kaminwurzen. Auf Vorbestellung wird hier auch ein Feinschmecker-Menü für bis zu 14 Personen serviert.

> „Altes bewahren und Neues schaffen! Dieses Motto habe ich mir zu Herzen genommen, um das Hotel in der mittlerweile dritten Generation zu leiten. Großmutters alter Herd wird ins neue Frühstücksbüfett integriert oder Urgroßmutters Rezepte werden neu interpretiert. Mit frischem Wind, viel Herzblut und einem jungen Team setzen wir innovative Ideen um."

Katharina Pircher sagt: „Den Leitspruch ‚Nachhaltig Essen und Trinken' haben wir uns zu Herzen genommen. Wir verwenden viele Produkte von lokalen Bauern und Direktvermarktern, etwa frische Kuhmilch und Freilandeier am Frühstücksbüffet, einheimische Erd- und Waldbeeren für unsere Süßspeisen, Gemüse und Salate von den Bauern des Dorfes sowie Weine von kleinen Südtiroler Weinproduzenten. Dabei setzen wir auf die Kraft von saisonalen und regionalen Produkten und kombinieren diese mit mediterraner Vielfalt und Südtiroler Tradition."

Das Hotel Paradies blickt auf eine lange Geschichte zurück, die ihren Anfang nach dem Ersten Weltkrieg nahm. Damals errichteten zwei hiesige Familien ein Lebensmittelgeschäft und eine Pension in Tiers am Rosengarten; allerdings konnten sich die beiden Betriebe nicht lange halten. Ein Mailänder Unternehmer kaufte sie auf, führte sie zusammen und eröffnete unter dem Namen Paradiso ein Hotel, das seinen Mailänder Mitarbeitern als Urlaubsressort in den Bergen dienen sollte. Diese Idee hat die Zeit des faschistischen Regimes jedoch nicht überdauert. Im Jahre 1962 erwarb Alfred Pircher das Hotel. Er baute es aus und führt es – mit seiner Familie – seit vielen Jahren erfolgreich. Bis heute ist das Hotel Paradies ein echter Familienbetrieb, das nun in der dritten Generation von Familie Pircher geführt wird.

Ein Geheimtipp auf der Fahrt Richtung Rosengarten und Karersee ist die wohltuend puristisch eingerichtete Tscheiner Hütte, direkt an der landschaftlich reizvollen Nigerstraße gelegen. So klar und unverkitscht wie das Interieur ist hier auch die sehr gute Küche, welche man sich mit einer allerbestens sortierten Weinkarte in manch weltläufiger und prominenter Adresse nur wünschen kann.

Paradies:
Apfelstrudel mit Buchweizen

REZEPT FÜR 1 STRUDEL

Für den Mürbteig
250 g Weizenmehl Type 405
50 g Buchweizenmehl
200 g Butter und etwas mehr für das Backblech
100 g Puderzucker
2 Eigelb
etwas Vanillezucker
Abrieb von ½ unbehandelten Zitrone
1 Prise Salz

Für die Füllung
600 g Äpfel (z. B. Boskoop)
50 g Kristallzucker
50 g Semmelbrösel
40 g Sultaninen
20 g Pinienkerne
2 EL Rum
etwas Vanillezucker
wenig Zimtpulver
Abrieb von ½ unbehandelten Zitrone
1 Eigelb

Zum Anrichten
nach Belieben etwas frisch geschlagenen Sahne und / oder Vanilleeis

Mürbteig
Aus den Zutaten einen geschmeidigen Mürbteig herstellen, in Klarsichtfolie einwickeln und etwa 30 Minuten kalt stellen.

Füllung
Die Äpfel schälen, entkernen, in feine Scheiben schneiden und in einer großen Schüssel mit dem Zucker, den Semmelbröseln, den Sultaninen, den Pinienkernen, dem Rum und den Gewürzen mischen. Den Teig auf einer Silikonmatte ausrollen, die Apfelfüllung auf den Teig geben und den Teig einschlagen. Den Apfelstrudel auf ein gefettetes Backblech legen, mit dem verquirlten Ei bestreichen und bei 170 °C im vorgeheizten Backofen (Ober-/Unterhitze) etwa 30 Minuten backen.

Anrichten
Den Apfelstrudel in Stücke schneiden und auf die vorbereiteten Teller legen. Daneben die gewählten Beilagen anrichten.

Die Vollblutgastgeberin Katharina Pircher mit dem Alpenklassiker schlechthin: der Apfelstrudel, aber bitte mit klassischen, alten Apfelsorten!

Thobias Pardeller – Hotel Restaurant Pardeller

~ Welschnofen ~

Der Pardeller im Zentrum von Welschnofen am Fuße des Rosengartens besteht seit drei Generationen als Dorfgasthaus. Auf der guten Straße dorthin von Bozen aus kommend ist man schnell am Ziel, sehr lohnenswert ist ein kleiner Schlenker an den Karersee, eines der klassischen Südtiroler Postkartenmotive, und einfach zu schön, um es in natura zu versäumen.

Landschaftlich reizvoll ist schon die Fahrt dorthin, vorbei am Glanz vergangener Zeiten des Grand Hotels Carezza mit ein wenig Gänsehaut-Feeling inklusive, zu sehr erinnert doch dieses altehrwürdige Haus mit seiner mysteriösen Ausstrahlung an Stanley Kubricks Meisterwerk „The Shining"! Ideal also zur Einstimmung auf kommende kulinarische Genüsse, oder als kleiner Verdauungsspaziergang um den See nach dem Besuch im Pardeller.

> „Wir haben das Glück, in einem Bergdorf zu leben, unsere Produkte von den zahlreichen umliegenden Bauernhöfen und Jägern beziehen zu können, und wir versuchen, die Lieferwege und Lagerzeit so kurz wie möglich zu halten. Seit 2015 sind wir Mitglied der Gruppe ‚Südtiroler Gasthaus', eine junge Truppe aus Gastwirten, welche sich zum Ziel gesetzt hat, die heimischen Produkte und alten Südtiroler Rezepte am Leben zu erhalten. Diese Gerichte werden durch neue kreative Techniken oder auf altbewährte Weise zubereitet."

Linke Seite oben: Das ideale Retrogerät für die verwinkelten Wege in der Berglandschaft; unten: Der smaragdgrüne Karersee in seiner unvergleichlichen Schönheit

Diese sympathische Untertreibung drückt natürlich nicht vollständig aus, mit wie viel handwerklichem Geschick und Fingerspitzengefühl der Juniorchef und Küchenchef Thobias hier am Werk ist. Die Saiblingsvariation mit Artischockensalat könnte nicht subtiler zubereitet und komponiert sein, ein Gericht, welches jedem Sternerestaurant zur Ehre gereichen würde. Ebenso geschmackvoll und geschmackssicher zubereitet sind die Buchweizenknödel mit Gorgonzolakern, die Kartoffel-Kastanien-Gnocchi mit Rehragout und Trüffel oder die Rote-Bete-Teigtaschen mit Almkäse gefüllt. Die Topinamburcremesuppe mit Kalbsbries, das ehemals Arme-Leute-Gericht Pressknödel auf Krautsalat sowie das Bergheurisotto mit Speck sind ein Gedicht. Großartig die Hauptgerichte wie der einheimische Hirsch rosa gebraten, die Perlhuhnbrust aus dem Holzkohleofen, die Kalbsfrikadellen oder das Kotelett vom „Sprinzenrind" vom Oberhauser Johann.

Die Weinkarte hält einige schöne Überraschungen bereit und das Haus verfügt auch über sehr komfortable Zimmer, sodass man sich keine Sorgen machen muss, wenn man hier richtig ins Schwelgen gerät und es zu schneien beginnen sollte.

> „Warum Fleisch und Gemüse von weit weg importieren, wenn wir beim Nachbarhof Topqualität bekommen und nachhaltig kochen können? Für Gerichte, welche so nur hier zu bekommen sind!"

Pardeller:
Einheimischer Rehrücken

in Holundersauce, Apfelrotkraut, Selleriepüree

FÜR 4 PERSONEN

Für die Holundersauce
1 kg Rehknochen, gehackt
2 EL neutrales Pflanzenöl
Abschnitte vom Rehrücken
1 Karotte
1 Stange Staudensellerie
4 Schalotten
2 Knoblauchzehen
1 TL Tomatenmark
500 ml trockener Rotwein
(z. B. Lagrein)
20 g Holunderbeeren
2 l Fleischbrühe

Für das Rotkraut
1 Kopf Rotkraut
2 geraspelte Äpfel (z. B. Boskoop)
Saft von 2 Orangen
1 l trockener Rotwein (z. B. Lagrein)
10 g frisch geriebener Ingwer
½ TL Pimentkörner
½ TL Senfkörner
½ TL Koriandersamen
½ TL schwarze Pfefferkörner
1 rote Zwiebel
1 EL Kristallzucker
20 ml Aceto balsamico
50 g Preiselbeermarmelade
Salz
frisch gemahlener schwarzer Pfeffer

Für den Rehrücken
800 g Rehrücken, ausgelöst und pariert
Salz
frisch gemahlener schwarzer Pfeffer
1 EL Dijonsenf
2 EL Olivenöl
1 Zweig Rosmarin
1 Zweig Thymian
70 g Butter
100 g Mandeln, geschält und gehackt
20 g Semmelbrösel

Für das Selleriepüree
1 Knolle Sellerie
250 ml Vollmilch
150 ml flüssige Sahne
frisch geriebene Muskatnuss
Abrieb von 1 unbehandelten Orange
Salz
frisch gemahlener schwarzer Pfeffer

Holundersauce

Die Knochen im auf 200 °C vorgeheizten Backofen (Umluft) etwa 1 Stunde bräunen. Das Öl in einem Topf erhitzen und die Abschnitte vom Rehrücken darin gut anbraten. Die Karotten, den Staudensellerie, die Schalotten und den Knoblauch putzen, in Stücke schneiden, zu den Abschnitten geben und bei reduzierter Hitze ebenfalls anbraten. Das Tomatenmark zufügen und mitbraten. Anschließend mit einer kleinen Menge Rotwein ablöschen und die Flüssigkeit komplett verkochen lassen. Diesen Vorgang zwei- bis dreimal wiederholen. Danach die gebräunten Knochen und die Holunderbeeren zum Saucenansatz geben. Die kalte Fleischbrühe angießen und einmal aufkochen lassen. Weitere 2 Minuten kochen, währenddessen aufsteigenden Schaum abschöpfen. Die Sauce anschließend für etwa 3 Stunden auf kleiner Flamme köcheln lassen. Danach die Sauce durch ein Passiertuch gießen und über Nacht abgedeckt kalt stellen. Das aufgestiegene Fett abnehmen und die Sauce auf dem Herd auf etwa 250 ml reduzieren.

Rotkraut

Das Kraut fein hobeln und in einer großen Schüssel zusammen mit den Äpfeln, dem Orangensaft, dem Rotwein, dem Ingwer, den Pimentkörnern, den Senfkörnern, den Koriandersamen und dem Pfeffer abgedeckt für mindestens 1 Nacht im Kühlschrank marinieren. Anschließend die Zwiebel häuten und in feine Würfel schneiden. Die Zwiebeln ohne Fettzugabe in einem Topf mit dem Zucker leicht karamellisieren lassen. Dann das marinierte Kraut hinzugeben und 2–3 Stunden auf sehr kleiner Flamme langsam köcheln lassen. Abschließend das Rotkraut mit dem Balsamico, den Preiselbeeren, Salz und Pfeffer abschmecken.

Rehrücken

Den Rehrücken mit Salz und Pfeffer würzen und mit dem Dijonsenf bestreichen. Das Olivenöl erhitzen und den Rehrücken darin auf allen Seiten scharf anbraten. Die Kräuter und 20 g Butter in die Pfanne geben und die aufschäumende Butter über das Fleisch löffeln. Die restliche Butter schaumig rühren und die restlichen Zutaten untermischen. Den Rehrücken aus der Pfanne nehmen und die vorbereitete Krustenmasse auf darauf verteilen. Den Rehrücken anschließend im auf Grillstufe vorgeheizten Backofen 5–8 Minuten auf der unteren Schiene gratinieren und danach an einem warmen Ort ruhen lassen. Vor dem Servieren in Tranchen schneiden.

Selleriepüree

Die Sellerieknolle schälen, in grobe Stücke schneiden und in ungesalzenem Wasser mit der Milch sehr weich kochen. Den Sellerie mit der Sahne, der Muskatnuss, der Orangenschale und Salz mixen und abschmecken.

Anrichten

Das Selleriepüree auf den vorgewärmten Tellern ausstreichen und die Fleischtranchen darauflegen. Das Rotkraut daneben anrichten und etwas von der Holundersauce angießen.

Linke Seite: Großer Genuss und hohe Schule der Kochkunst in gemütlicher Stube

Gerhard Kofler – Kellerei Girlan mit Vinothek

~ Girlan ~

Die Kellerei Girlan ist heute die Südtiroler Kellerei der Superlative. Das war nicht immer so. Obwohl hier Mitte der 1970er-Jahre die erste Prestigelinie einer Südtiroler Kellerei präsentiert wurde – der berühmte Zeichner und politische Karikaturist Paul Flora („Die Zeit"), Freund des alten Kellermeisters, hatte für die Etiketten Federzeichnungen angefertigt –, verschwanden die Girlaner Weine aufgrund der immer stärker werdenden umliegenden Konkurrenz mehr und mehr von den Weinkarten der besten Restaurants.

Dies änderte sich Mitte der 2000er-Jahre abrupt, als der junge Kellermeister Gerhard Kofler mit selbstbewussten Forderungen seine neue Stelle antrat. Gleich mit dem nicht einfachen Jahrgang 2006 gelang ihm mit einer Selektion in den Lagen des Trattmannhofs bei Mazon ein ausgesprochen burgundisch anmutender Pinot Nero, der bei Weinfreunden und Weinprofis gleichermaßen ungeteilte Begeisterung hervorrief und in den Folgejahren – quasi im Abonnement – mit den höchsten Auszeichnungen überhäuft wurde. Es war nur folgerichtig, in dieser hervorragenden Lage eine nochmalige Selektion zu wagen, und so wurde mit dem „Vigna Ganger" nicht nur der teuerste Pinot Nero Italiens, sondern auch der am höchsten bewertete Wein dieser noblen französischen Rebsorte präsentiert. Dem amerikanischen Weinkritiker Robert Parker war der erste Jahrgang 2012 auf Anhieb 96+ von 100 Punkten wert und die Präsentation dieses Weins strotzte geradezu vor Selbstbewusstsein, denn er wurde mit dem Besten, was der Pinot Noir zu bieten hat, blind serviert. Mit dabei waren so renommierte Namen wie Gantenbein aus der Schweiz, Bernhard Huber aus Deutschland, Armand Rousseau und Méo Camuzet aus dem Burgund.

> „Unsere Aufgabe ist es, die mühsame Arbeit unserer Winzer zu veredeln, Spitzenweine zu erzeugen, damit man das Potenzial des Gebiets erkennt."

Rechts: Der Schlern im Hintergrund mit Blick auf die Girlaner Toplagen

Linke Seite: Sensibel ausgestaltete Räume der Girlaner Vinothek als angenehm zurückhaltende Bühne der feinen Weine

Ein großes Verdienst seines Vorgängers war der Erhalt der alten „Gschleier" Vernatsch-Rebstöcke. Auch hier zeigte eine große Blindverkostung das enorme Potenzial dieser typischsten aller Südtiroler Reben, der absolute Star war ein Wein aus dem Jahr 1976, der mit betörendem Duft mehr an einen großen Burgunder von der Côte de Nuits erinnerte, als an einen einfachen Vernatsch aus der Gegend um den Kalterer See. Dies ist umso erstaunlicher, da Mitte der 1970er-Jahre der Vernatsch vom Kalterer See Italiens Exportschlager Nummer eins war und sich wie warme Semmeln verkaufte. Die Produktion konnte deshalb gar nicht groß genug sein, nicht zuletzt wurden aus den anderen Regionen Italiens Weine dazug kauft, der Ex-Landeshauptmann Luis Durnwalder sagte einmal, dass bis Ende der 1970er-Jahre drei Viertel der gesamten italienischen Weinexporte Kalterer See war, ganz egal woher die Trauben kamen. Kein Wunder also, dass der Vernatsch in der Folge einen starken Imageeinbruch erlitt, aber jetzt auch aufgrund dieser Erkenntnisse mit alten Reben eine verdiente und überfällige Renaissance feiert.

So hat man sich in Girlan aus dieser Erfahrung und aus Studien zu den Lagen, den Böden und dem Mikroklima auf einige Leitsorten festgelegt: bei den Rotweinen Vernatsch und Pinot Noir, auch Pinot Nero oder auf Südtirolerisch Blauburgunder genannt, und Weißburgunder, Sauvignon und Chardonnay bei den Weißweinen.

Dazu erklärt uns Gerhard Kofler: „Eine weitere Aufgabe ist es, den besten Lagen die geeigneten Sorten zuzuordnen, historische Sorten und Anlagen nicht aufzugeben und mit mehr Mut als andere und höherem Risiko das Maximale zu erreichen. Herzblut und höchster Einsatz aller Beteiligten ist vorausgesetzt, um eine eigene Charakteristik unserer Weine zu erreichen, ähnlich wie bei den von mir so geliebten und geschätzten Burgunderweinen. Die gesammelte Erfahrung, Lebensfreude und oft auch etwas eigenartige Ideen machen aus dem Ganzen, so hoffe ich, etwas Besonderes."

23 Weinbauern legten im Jahr 1923 in einem alten Südtiroler Weinhof den Grundstein für die Kellerei Girlan. Heute zählt diese rund 200 Weinbaufamilien zu ihren Mitgliedern, die gemeinsam eine Anbaufläche von 215 Hektar bewirtschaften. Die Jahresproduktion der Kellerei liegt bei 1350000 Flaschen, 60 Prozent davon sind Weißweine und 40 Prozent sind Rotweine.

Linke Seite: Beste Lagen in einem klimatisch bevorzugten Gebiet sind die notwendige Grundvoraussetzung für große Weine

Diese Seite: Gerhard Koflers Talent, Hingabe und Tatendrang bilden die zusätzliche Komponenten, welche aus gutem Material besondere und eigenständige Weine formen

UEBERETSCH · UNTERLAND

Ignaz und Elisabeth Niedrist – Weingut Niedrist

~ Girlan ~

Dieses liebevoll restaurierte Weingut befindet sich im Girlaner Ortsteil Rungg auf 470 Metern Meereshöhe im Herzen des Überetscher Weinbaugebiets. Seit über 170 Jahren ist der Weinhof im Besitz der Familie Niedrist, vor allem der Großvater Josef Niedrist betrieb mit großer Tüchtigkeit den Ausbau und Verkauf der Weine. In den frühen 1920er-Jahren änderten sich sowohl die politische Lage des Landes als auch die betriebliche Situation des Hofs schlagartig.

Das Land Südtirol war in Folge des Versailler Vertrags zu Italien geschlagen worden und der Großvater starb 1922 viel zu jung. Der Witwe Antonia Abraham Niedrist gelang es zwar, den Betrieb in den schwierigen Zeiten zwischen den Weltkriegen am Leben zu erhalten, die Weinproduktion musste sie allerdings notgedrungen einstellen. Erst 1989 nahmen das Ehepaar Ignaz und Elisabeth Niedrist die Weinproduktion am Hof wieder auf, mit der klaren Idee, qualitativ hochwertige Flaschenweine zu erzeugen.

Seit 2001 wird permanent im Hof und Keller renoviert, die alte Bausubstanz wurde saniert und durch neue Keller- und Lagerräume erweitert, wobei nur Holz, Stahl, Naturstein und Kalkmörtel Verwendung fanden. Das sehenswerte Ergebnis sind Keller mit Naturbelüftung und traditionellem Tonnengewölbe, in denen ganz besonders feine Weine wie beispielsweise der rare Blauburgunder „Vom Kalk" jetzt in Ruhe reifen können. Es ist kein Einzelfall, dass in Weinbauernfamilien die Heirat eine markante Veränderung des Betriebes

Links: Das Winzerpaar im lebhaften Austausch, wer hier gerade wem etwas erklärt, ist allerdings unklar

bedingt. In diesem Fall wurde das Weingut durch Flächen wie „Mühlweg" und „Rungg" in Girlan sowie „Untersteiner" in Eppan-Berg erheblich vergrößert und vielfältiger. Diese Vielfalt wird vervollständigt durch die Lagrein-Pachtfläche in Gries-Bozen, am Heimathof von Elisabeth Berger Niedrist. Und der Betrieb wird sich weiter verändern, denn mit Maria, Franz und Johannes macht sich eine neue Generation auf den Weg.

In Gries bei Bozen gedeiht ausschließlich die autochthone Südtiroler Parade-Rotweinsorte Lagrein, der „Berger Gei", auf durch den Talferfluss geschaffenen Bodenformationen. Bis in eine Tiefe von über 10 Metern sind abwechselnd sandige und schotterige Schichten. Es dominiert dabei der Porphyr. Die Böden sind sehr reichhaltig mit guter Wasserversorgung. Dazu kommt die Wärme des Bozner Talkessels, welche an heißen Sommertagen vom kühlenden Wind aus dem Sarntal abgemildert wird. Standort und Lage ergeben einen Vegetationsvorsprung von beträchtlichen zehn Tagen gegenüber den Überetscher Lagen rund um Girlan. In Eppan-Berg wächst der Weißburgunder, Sauvignon blanc, Chardonnay und Blauburgunder auf lehmigen Kalkschotterböden am Fuße des Mendelgebirges mit dominierendem Dolomit-Anteil und Eisen, als roter Lehm erkennbar. Die Böden sind sehr tiefgründig mit einer wertvollen, dauerhaften Wasserversorgung. Dazu kommt ein spezielles Kleinklima mit gemäßigten Tagestemperaturen durch die Ostlage, eine abschattende Wirkung durch den direkt darüber aufragenden Mendelkamm sowie starke, kühlende Fallwinde nach Sonnenuntergang. In Girlan-Rungg stehen Blauburgunder, Vernatsch, Sauvignon blanc und in den wärmsten Westhängen gedeiht der Merlot „Mühlweg" auf eiszeitlichem Moränenschotter mit hohem Steinanteil von Porphyr, Granit und Gneis. Die Böden sind nicht besonders tiefgründig und erwärmen sich leicht. Durch die günstige Position auf der Hügelkuppe sind diese Lagen sehr windoffen, was für gesunde Trauben von elementarer Wichtigkeit ist.

Linke Seite: Beste Weinbergs-Hanglagen nennt Ignaz Niedrist sein Eigen, ganz im Hintergrund grüßt der Schlern

Oben: Rund um Eppan – das Schloss Freudenstein mit seinem Pförtnerhaus ist eine empfehlenswerte Adresse zum stilvollen Wohnen und die Heilig Kreuz Kirche auf der Gleif

Unten: Ignaz Niedrist, der Rebenflüsterer, mit dem Fresko auf seinem Hof, welches für die Weinetiketten Pate stand

UEBERETSCH · UNTERLAND

Martin und Marlies Abraham – Weingut Abraham

~ Eppan ~

Der im wahrsten Sinne des Wortes eigensinnige Wiedehopf ist das Wappentier dieses sympathischen jungen Familienbetriebs von Marlies und Martin Abraham. Ihr Credo ist, in den herausragenden Lagen rund um ihr Haus in Eppan – der größten Weinbaugemeinde in Südtirol mit frühzeitlichen Zeugnissen von Weinkultur – das beste aus den besonders kalkhaltigen Böden herauszuholen und mit eigenständigen Weinen zu überzeugen.

Dass dies besonders gut gelingt, anerkennen inzwischen selbst die allerbesten und alteingesessenen Kollegen. Der Weißburgunder „In der Låmm" ist eines der herausragenden Beispiele, wie man aus dieser ansonsten eher stillen und nicht markant auftretenden Rebsorte ein echtes Unikat mit viel Ausdruck, Kanten und Ecken vinifizieren kann.

Martin Abraham erklärt es: „Wir sind ein junger aufstrebender Familienbetrieb und haben uns zum Ziel gesetzt, Lagenweine von höchster Qualität zu produzieren. Wir setzen auf eine verantwortungsvolle Bewirtschaftung der Weinberge und verstehen das Wissen unserer Vorfahren als Fundament unseres heutigen Handelns. Die große Herausforderung liegt für uns darin, den ureigenen Charakter unserer Eppaner Weinbergslagen zu erkennen, zu respektieren und zu bewahren. Unser Ziel sind natürliche, eigenständige und ausdrucksstarke Weine, die im Gaumen die Einzigartigkeit und Vielfalt unseres Terroirs entfalten. Die zum Teil sehr alten Reben gedeihen an der geologischen Bruchstelle zwischen tiefgründigen Porphyrböden und kalkhaltigen Schwemmböden vom Dolomitgestein. So entstehen Weine mit starkem, individuellem Charakter voller Energie. Im Keller arbeiten wir traditionell

Linke Seite: Martin und Marlies Abraham verfügen über allerbeste Lagen in Eppan

Links: Der Ansitz Reinsperg in Eppan mit historischen Rebanlagen

mit natürlicher Gärung und Säureabbau ohne Temperatursteuerung sowie Ausbau in großen Holzfässern mit langem Hefekontakt."

Auch bei den Weinnamen stand der sympathische, ganz besondere Vogel Wiedehopf Pate, auf italienisch „upupa". Hinter dem lustig klingenden Namen „Upupa Orange" verbirgt sich die vielleicht richtungweisende Interpretation der Traditionsrebsorte Gewürztraminer, hier auf der Maische vergoren und im Holz ausgebaut. Wenn es nicht so abgegriffen wäre und es nicht so viele miserable Beispiele geben würde, könnte man auch sagen, das ist ein Orange Wine.

Ein weiterer aus dieser Wiedehopf-Linie ist der „Gemischte Satz" aus Weißburgunder, Gewürztraminer und Riesling, bei Abrahams überaus fein balanciert und mit viel Harmonie auf die Flasche gefüllt. Der „Upupa Rot" stammt von der Traditionsrebe Vernatsch von besonders alten Rebstöcken, der mit fünf Prozent Blauburgunder geschmacklich abgerundet ist. Auch der reinsortige Blauburgunder ist erwähnenswert, selten findet man in dieser sonnenverwöhnten Region ein von solcher Spannkraft aufgeladenes Exemplar dieser edlen französischen Rebsorte. Ganz nach burgundischem Vorbild nicht zu spät gelesen, um eben diese Spannung und aromatische Verspieltheit nicht dem geschmacklichen Einheitsbrei von überreifen, wie verkocht schmeckenden Früchten zu opfern. So entsteht hier aus der noblen Pinot-Noir-Rebe etwas ganz besonderes, ein eher schlanker Wein, allerdings mit – im Sinne der Entwicklung und Reifung – Langstreckenläuferqualitäten, im Grunde wie der Wiedehopf auch, der schon auf 7000 Metern Meereshöhe im Himalaya gesichtet wurde.

„Nachhaltigkeit bedeutet für uns eine bescheidene Lebensweise, Eigenverantwortung im Handeln und Freiheit im Denken. Der Wiedehopf mit seinem stolzen Federkleid ist unser Symbol dafür."

Oben: Gemeinsam die Zukunft im Blick

Rechte Seite: Martin und Marlies Abraham haben ein ganz klares Konzept, sowohl beim Rebenanbau im Weinberg, wie auch beim Weinausbau mit besten Tonneaux im Weinkeller

Oben und links: Prächtige Schnitzereien im Keller von St. Michael-Eppan erzählen von den glorreichen, vergangenen Zeiten

Unten: Der zu Recht stolze Kellermeister Hans Terzer ist der richtungsweisende Garant für die großen Erfolge im Jetzt

Hans Terzer – Kellerei St. Michael-Eppan mit Vinothek

~ Eppan ~

Hans Terzer liebt es ausdrucksstark und markant und dies sowohl beim Wein als auch im Auftritt: „Qualität kennt keine Kompromisse, und dies versuche ich seit vier Jahrzehnten mit aller Kraft und Vehemenz umzusetzen. Wenn es sein muss auch ab und zu mit der notwendigen Härte oder dem Südtiroler Sturschädel. Was aber das Wichtigste ist, ist dass sowohl der Weinbauer als auch der Weinveredler mit viel Freude und Emotion sowie dem nötigen Stolz bei ihrer Arbeit unterwegs sind!"

Angefangen hat die unvergleichliche Erfolgsgeschichte von Hans Terzer und der Kellerei St. Michael in Eppan 1989 mit dem ersten Sauvignon-Jahrgang in der neu geschaffenen Prestige-Linie „Sanct Valentin", mit welcher die Ausrichtung einer neuen Südtiroler Weißwein-Stilistik, damals sicherlich noch unbewusst, ihren Anfang nahm. Der Terzer Hans setzte kompromisslos und mit viel Fingerspitzengefühl auf Qualität und auf die bestmögliche Interpretation des Gebiets und seiner Weine. Seine Vision war es, eine Qualitätslinie für St. Michael zu schaffen, welche selbst mit den ganz Großen der Weinwelt den Vergleich nicht zu scheuen braucht und gleichzeitig in anständigen Mengen vermarktet werden kann. Namensgeber für die Idee waren die Weinberge des Ansitzes St. Valentin, denn ihre Besitzer waren als erste bereit, diesen Versuch der Qualitätsoffensive mit zu wagen.

Laut dem renommierten italienischen Weinführer „Gambero Rosso" hat der Sauvignon aus St. Michael, der gleich mit dem Premieren-Jahrgang „Sanct Valentin" 1989 und dann siebzehn Jahre in Folge die höchste Auszeichnung, die „3 Gläser", bekam, „das Bild des italienischen Sauvignon geprägt wie kein anderer". Er ist überhaupt einer der meistprämierten Weißweine Italiens und hat längst Kultstatus.

Kein Wunder, dass die Weine der Valentin-Linie heute weltweit auf den Weinkarten vieler Spitzenrestaurants zu finden sind. Man spricht bei internationalen Sauvignon-Verkostungen, der am zweit meisten angebauten Weißweinsorte der Welt, sogar von der französischen, der Neuseeländer und der Südtiroler Stilistik. Heute besteht die Valentin-Linie aus zehn verschiedenen Weinen, worunter auch vier Rotweine sind. Diese Weine gewinnen regelmäßig nationale und internationale Preise. Anfang 2000 wurde St. Michael vom „Gambero Rosso" zur Kellerei des Jahres in ganz Italien und Hans Terzer zu einem der zehn weltbesten Kellermeister gekürt. In Summe produziert die Kellerei pro Jahr an die 450 000 Flaschen mit dem „Sanct-Valentin"-Etikett.

„Ich wollte genau diese Reben separat ernten, ausbauen und zu einem völlig neuen, aufsehenerregenden Wein ausbauen. Einen Wein, wie es ihn vorher bei uns in St. Michael noch nicht gegeben hat."

Der Hans gilt als einer, der von sich und seinen Mitarbeitern alles fordert, der gerne bis an die Grenzen geht, so wie er es auch bei seinen extremen Radtouren in den Südtiroler Bergen macht. Um seinen absoluten Traum zu verwirklichen, hat er sich dagegen viel Zeit gelassen. Bei Begehungen der Weinberge stellte er bereits vor vielen Jahren fest, dass es innerhalb dieser einzelne Stöcke gibt, die aufgrund ihres sehr schwachen Behanges absolute Spitzen hervorbringen.

Dieser Ausnahmeweißwein stammt aus verschiedenen historischen Lagen der Gemeinde Eppan. Das Gros bildet Chardonnay, den Rest teilen sich Weißburgunder, Pinot Grigio und Sauvignon. Jedes Jahr wird nicht nur der Inhalt der Flaschen neu interpretiert, sondern auch das Design der Flasche gewechselt. Ziel ist es, eine wertvolle, auf 4000 Flaschen limitierte Kollektion zu kreieren, die jedes Jahr Weinliebhaber in aller Welt begeistern soll. „Appius" lautet der Name, dessen Bedeutung eng mit Eppan und dem römischen Ortsnamen Appius verbunden ist.

1907 als Genossenschaft gegründet, gehören St. Michael-Eppan mittlerweile 360 Mitglieder an, die 380 Hektar Weinbau bewirtschaften. Davon sind 70 Prozent mit Weißwein- und 30 Prozent mit Rotweinsorten bepflanzt.

Besonders die Lagen in und um das Dorf Eppan bieten ideale Voraussetzungen für Sorten wie Chardonnay, Sauvignon, Gewürztraminer und Pinot Grigio. Und: St. Michael besitzt seit 1984 einen der größten Barrique-Keller des Landes Südtirol.

Unten und linke Seite: Der Showroom in der modern gestalteten St.-Michael-Vinothek sowie Kellerführungen in den historischen Kellerräumen gehören in das zeitgemäße Bild der Erfolgsgeschichte

Andreas Nicolussi – Der Stroblhof mit Vinum-Hotel

~ Eppan ~

Der hoch über Eppan gelegene Stroblhof ist eigentlich ein sehr beliebtes Wellnesshotel, beherbergt aber auch ein kleines und sehr feines, architektonisch durchdachtes Weingut. Der Keller von Andreas Nicolussi ist modern und sehr funktionell gestaltet, das Drumherum allerdings, mit einer zauberhaften Gartenterrasse am schönen Vinum-Hotel von Ehefrau Rosi, macht einen Besuch auf diesem Weingut gleich doppelt interessant. Das Hotel, das Restaurant und das Weingut werden seit über einhundert Jahren als Familienbetrieb geführt. Der Weinbau hier ist seit dem 16. Jahrhundert verbürgt, auf rund 500 Metern Meereshöhe werden die Reben angebaut. Der Stroblhof ist daher auch Gründungsmitglied der freien Weinbauern Südtirols.

Die Weinreben gedeihen auf den fünf Hektar auf porphyr- und kalkhaltigen Böden besonders gut, was auch erklärt, warum der Pinot Nero „Pigeno" und ganz besonders der Pinot Nero „Riserva" jedes Jahr wieder zu den Spitzenerzeugnissen dieser edlen Rebsorte in ganz Italien gehören. Somit sind der „kleine" wie der „große" Pinot Noir beides eine Bank, eine Empfehlung, die nicht von einem einzelnen Jahrgang abhängig ist, sondern Jahr für Jahr die stetig wachsende Fangemeinde begeistert.

Nicht ganz ohne Wirkung wird auch der freundschaftliche Austausch mit dem in der Nachbarschaft ansässigen Kollegen Hans Terzer sein, der mit seiner großen Erfahrung sicherlich den einen oder anderen Tipp, sowohl beim Anbau als auch beim Weinausbau beisteuern kann. Das kleine, aber feine Programm des Hauses umfasst elegante Weine, beispielsweise den fein würzigen Weißwein namens „Strahler", ein Wein der in seiner Geradlinigkeit und Schlankheit in Südtirol ziemlich einzigartig ist.

Andreas Nicolussi: „Die wichtigste Erkenntnis war für mich, zu verstehen, welche Weinsorten auf unseren Böden und Lagen auf 500 Metern Meereshöhe am besten gedeihen. Deshalb habe ich mich mit der Geschichte des Weingutes befasst und die Sorten auf jene reduziert, die schon im 18. und 19. Jahrhundert hier angebaut wurden. Wir nutzen, so wie es unsere Vorfahren schon taten, die kühle Luft aus den Eppaner ‚Eislöchern' für eine optimale Frucht- und Säureeinlagerung in unseren Weintrauben. Bestens nachzuvollziehen beim „Strahler", dem Stroblhof-Klassiker, der eine feine Säure mit einer anregenden Frische, die über Jahre anhalten kann, vereint.

Linke Seite: Der Stroblhof ist als sehr komfortables Hotel mit traumhaftem Garten auch eine gastronomische Institution. Die Rollen sind hier klar verteilt, Gastgeberin Rosi mit Ehemann Andreas, der auch in der Weinkeller-Gestaltung sein aussergewöhnliches Gespür für Funktionalität gepaart mit Design beweist

Links: Die Stroblhof-Rebanlagen sind so akurat wie das Outfit des Winzers, hier wird nichts dem Zufall überlassen

UEBERETSCH · UNTERLAND

Oben: Graf Michael auf dem Dach des Manincor-Verkostungsraums (auch links zu sehen), ansonsten ist der gesamte Keller von Reben überwachsen

Unten: Georg Reichsgraf von Enzenberg, 1926–2016

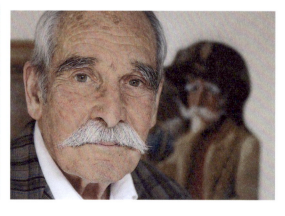

Michael Graf Goëss-Enzenberg – Weingut Manincor

~ Kaltern ~

„Für mich ist es eine Herzenssache, mein Weingut biodynamisch zu bewirtschaften. Unser wertvollstes Gut, unsere Böden, pflegen wir mit viel Hingabe, um das Leben in ihnen zu fördern für starke, gesunde Reben. So entsteht ein besseres Gleichgewicht im Weingarten und feine, ausbalancierte Weine, die den Namen Manincor tragen."

Hier, oberhalb des Kalterer Sees, haben die Räther schon vor über 2 000 Jahren Wein angebaut und den römischen Eroberern den Umgang mit Holzfässern beigebracht. Der Weinbau erlebte in der K.-u.-k.-Monarchie eine Blütezeit und in den 1980er-Jahren einen dramatischen Niedergang. Auf ihn folgte seit den 1990er-Jahren eine Renaissance, die bis heute anhält. Ein richtungweisender Betrieb ist die Tenuta Manincor.

Auf 300 Jahre Geschichte kann das größte Weingut Südtirols zurückblicken, das aktuelle Kapitel beginnt 1991. Nach einem Weinbaustudium in Geisenheim und einem Jahr Praktikum in Kalifornien, übernahm Michael Graf Goëss-Enzenberg das Weingut mit rund fünfzig Hektar Rebfläche von seinem Onkel. Er ist kein gebürtiger Südtiroler, was sein weicher wienerischer Tonfall sofort zu erkennen gibt, doch er stürzt sich mit Haut und Haar in diese Unternehmung, Manincor „Hand aufs Herz" wird zur Herzensangelegenheit und zur Lebensaufgabe. Zu dieser Zeit liefert das Gut seine Trauben noch an die Genossenschaften in Kaltern und Terlan, begehrte Ware aus besten Lagen. Nach fünf Jahren Arbeit, die sich auf die Weinberge konzentriert, keltert Graf Michael 1996 seine Trauben erstmals selbst und sorgt mit diesem Jahrgang gleich für Aufmerksamkeit. Denn er macht manches anders, die Weine werden überwiegend spontan vergoren und verbrin-

Die prominente Lage über dem Kalterer See sowie die subtil restaurierte, historische Bausubstanz machen Manincor zu einem herausragenden Monument der Südtiroler Weinkultur

gen zu ihrer Entwicklung einige Zeit im Holzfass, sogar der Goldmuskateller.

Von Anfang an setzt er weniger auf die seinerzeit angesagten Barriques, sondern auf größere Formate mit 300 bis 600 Litern Volumen und mehr. „Die Weine sollen in ihrer Entwicklung profitieren, aber möglichst wenig Holzaroma aufnehmen", ist Graf Michael überzeugt. Das Eichenholz für neue Fässer kommt zum Teil aus dem eigenen Wald unterhalb der Leuchtenburg, deren Ruine in Sichtweite über dem See thront. Die Weinberge liegen zum größeren Teil um das Gut herum in den besten Lagen am Kalterer See, zum kleineren Teil in höheren Lagen des Überetsch und im Raum Terlan. In Seenähe pflanzt Graf Michael auch Exoten wie Tempranillo und Petit Verdot, die in variablen Anteilen in Cuvées wie dem würzigen, tiefgründigen „Cassiano" einfließen.

„Die Zeit im Holz gibt dem Wein mehr Struktur und Leben mit auf seinen Weg. Man muss das Holz aber sehr gezielt einsetzen", erklärt der Graf.

Für große Aufmerksamkeit über Südtirol hinaus sorgt der 2002 begonnene und 2004 fertiggestellte Neubau des Kellers. Ein großer architektonischer Wurf, der sich organisch in das Gut und die Landschaft einpasst, indem er kaum wahrzunehmen ist: Unmittelbar neben dem Schloss werden 40 000 Kubikmeter Schotter ausgehoben, der neue Keller wieder bedeckt und mit Weinreben bepflanzt. Mit Hinterlüftung der Mauern und modernster Wärmetauschtechnik lässt sich jeder Raum des Kellers ohne nennenswerten Energieaufwand exakt klimatisieren. Bis zur Abfüllung müssen weder Maische, Most noch Wein gepumpt werden, mittels Schwerkraft gelangen sie auf die nächst tiefere Ebene des Kellers.

„Dieser Keller ist kein Selbstzweck", stellt der Graf fest, „sondern ein Werkzeug, um möglichst gute Weine zu erzeugen." Möglichst gut bedeutet für ihn nicht konzentrierte Kraft. „Ich suche Harmonie und Eleganz, ein Stück Natur, das möglichst unbeschadet ins Glas kommt", sagt er. So ist der nächste große Schritt nur konsequent: Im Jahrgang 2006 arbeitet das Gut in den Weinbergen erstmals nach den Richtlinien der Biodynamie. Im Jahr 2008 kommt Helmuth Zozin als Gutsdirektor an Bord, zuvor 20 Jahre Kellermeister bei der Kellerei Kaltern, die er von Masse zu Qualität geführt hatte. Zozin hatte sich bereits seit Jahren mit den Ideen der Biodynamie beschäftigt, dies erklärt auch den Zugang, den man in Manincor zu diesem Thema hat.

„Wir machen charaktervolle Weine, die den Boden und das Klima, das wir haben, zum Ausdruck bringen. Das geht am besten, wenn man biodynamisch arbeitet, weil uns das erlaubt, den Boden und die Pflanzen bestmöglich zu vitalisieren."

Das bedeutet in der Praxis: Aus Pflanzenextrakten werden nach genauen Regeln Tees gerührt und fein dosiert im Weinberg versprüht. Brennnessel und Ackerschachtelhalm zur Belebung, Kamille zur Beruhigung der Reben. Gedüngt wird, wenn überhaupt, nur mit Kompost aus Stallmist. Wenn möglich nach den Mondphasen erfolgen Rebschnitt und ebenso die Kelterung bis zur Flaschenfüllung. Alles, was Helmuth Zozin tut, was er anspricht und was er perfekt zu erklären weiß, hat Hand und Fuß. Selten hat man die Gelegenheit, so fundiert die komplexe Thematik des biodynamischen Weinbaus zu erfahren, wie bei einem Besuch auf Manincor. Dabei driftet Zozin nie in esoterische Grauzonen ab, sondern behält stets festen Boden unter beiden Füßen, was es auch dem Laien ermöglicht, seinen der Natur zugewandten Gedanken lückenlos zu folgen.

Wem es dennoch schwerfällt, sich den Gedanken der Biodynamie anzunähern, dem bleibt die Möglichkeit, sich von den Weinen überzeugen zu lassen. Diese sind in eine betriebseigene Klassifizierung gegliedert: zur Linie „Hand" gehört beispielsweise ein exotisch duftender, trocken

Eine weltoffen, modern gestaltete Vinothek prägt den Innenhof von Südtirols größtem Weingut

ausgebauter Goldmuskateller, mit „Herz" gekennzeichnet sind der „Tannenberg", ein feinwürziger Sauvignon blanc sowie der „Eichhorn", ein ungemein finessenreicher Weißburgunder, und die Spitze des Portfolios markieren die „Krone"-Weine.

Mit dem herrlichen Blick auf den für das besonders milde Klima verantwortlichen Kalterer See kommt einem unwillkürlich die gerade wieder belebte Tradition des „Kalterer Plent", eine Art Südtiroler Polenta aus Maismehl und Arme-Leute-Essen vergangener Zeiten, in den Sinn. Was man aber von hier oben sieht, sind weit und breit Weingärten und Obstplantagen, von Maisfeldern keine Spur. In der Tat wurde Mais nur für die historisch gesehen kurze Periode von etwa 300 Jahren im Überetsch angebaut. Solange eben, bis der Obstanbau lukrativer wurde und die Apfelbäume den Mais ersetzten. Es wäre nicht Südtirol, wenn der „Plent" – zubereitet aus gelbem Maismehl – nicht immer noch seinen festen Platz in den Küchen des Landes hätte. In der alltäglichen Küche als Polenta mit Gulasch oder – wie zu den Zeiten als während der Weinlese im Weinberg Mittagessen gekocht wurde – Polenta mit Würsten, manchmal mit Käse oder mit „Gerstkaffee". Und in den feinen Restaurantküchen als Polentanocken, gebratener Gemüsepolenta zu Fleisch- oder Fischgerichten. Auf lokales Betreiben hin gibt es jetzt sogar wieder echten „Kalterer Plent", angebaut auf Kalterer Grund und Boden.

Manincor: „Kalterer Plent", die „Südtiroler Polenta"

FÜR 4 PERSONEN

Für die Polenta
Salz
50 g Butter oder Olivenöl
200 g Maisgrieß
frisch geriebene Muskatnuss
50 g geriebener Parmesankäse

Zum Anrichten
in Butter geschwenkte Pilze und /
oder gegrilltes Fleisch

Polenta
In einem Topf 1 Liter Wasser füllen, etwas Salz sowie die Butter oder das Olivenöl dazugeben und aufkochen. Dann den Maisgrieß unter ständigem Rühren langsam einrieseln lassen und 5 Minuten weiter rühren. Die Polenta bei milder Hitze im geschlossenen Topf mindestens 30 Minuten ziehen lassen. (Stilecht geschieht dies im echten Kalterer-Plent-Kupferkessel und kann sich dann auch über 1–2 Stunden hinziehen). Zum Schluss mit geriebener Muskatnuss und Parmesankäse abschmecken.

Anrichten
Die Polenta mit den gewählten Beilagen oder als Beilage anrichten.

Der Kalterer See stand als Synonym der Südtiroler Weinkultur nicht immer nur für höchste Qualität – gottlob ist diese Zeit vorbei – und auch der etwas unter die Räder geratenen Leitrebsorte Vernatsch blüht eine genussvolle Wiedergeburt als Antipode zu vielen überkonzentrierten Trinkmarmeladen aus roten Trauben in der Neuen Welt

Die Gastliche Tafel in St. Pauls ist eine fantastische Freiluftveranstaltung, welche Herbert Hintner mit Team seit vielen Jahren gastronomisch ausrichtet

Familie Herbert Hintner – Restaurant Zur Rose

~ Eppan ~

Herbert Hintner ist das Urgestein der neuen Südtiroler Küche. Er hat in den vergangenen dreißig Jahren so viele Impulse gesetzt wie kein zweiter Koch in diesem gastronomisch hoch interessanten Land, und das sowohl für die typische Südtiroler Gasthaus-Gastronomie als auch für die innovative Spitzengastronomie, die selbstverständlich ebenfalls vertreten ist in der alpinen, nun bereits dritten Generation.

Wenn man über Herbert spricht, dann kann man das aber nicht tun, ohne auch auf seine Ehefrau Margot ein Loblied zu singen. Margot ist im besten Sinne weinverrückt und ihre Auswahl an den besten Gewächsen Südtirols, aus dem Piemont und aus Burgund lässt keine Wünsche offen. Im Besonderen ist ihr Angebot an glasweise ausgeschenkten Weinen die unglaublichste und umfangreichste Kollektion in ganz Südtirol. Sie umfasst bis zu zwanzig offene Weine – teils aus Magnumflaschen – in einer außergewöhnlichen Qualität, wie sie nur ganz selten, auch weit über Südtirol und Italien hinaus, zu finden ist. Schon dies alleine macht einen Besuch im Restaurant zur Rose in Eppan, im Stadtteil St. Michael, zu einem unvergesslichen Erlebnis. Herbert sprüht über vor Kreativität, was besonders bei den Vorspeisen und bei den Zwischengerichten zu spüren ist, weshalb eine individuelle Aneinanderreihung von vielen Vorspeisen und Zwischengerichten als Degustationsmenü jedes Mal wieder überrascht, fasziniert und begeistert.

Inzwischen ist Sohn Daniel nach besten Ausbildungsstationen an den heimischen Herd zurückgekehrt, und fast hört man den Vater leise raunen: „Koche vorsichtig, denn der Geschmack oder Genuss, den du versuchst zu retten und zu verteidigen, könnte dein eigener sein!" Für allzu leise Töne ist Herbert eigentlich nicht bekannt, sein energisches Glockengeläute am Küchenpass, um dem Service Beine zu machen, ist legendär. Wehe, wenn er zweimal klingelt, um überdeutlich zu machen, dass das Gericht jetzt nicht mehr länger warten kann!

Das in Herbert Hintners Heimat, dem Gsiesertal, ganz besonders gepflegte Brauchtum ließ ihn schon als Bub aufmerksam werden, denn jede Festlichkeit war natürlich ein kulinarisches Fest. Auch der Milchreis aus der Milch direkt vom Bauern oder das Kesselfleisch vom Schlachttag am Hof und besonders die Knödel taten es in punkto Ehrlichkeit und Frische der Produkte dem jungen Herbert an. Mit diesen Eindrücken trat er seine Reise in die Welt der Gastronomie an. Langsam entwickelte sich die Freude an den neuen und manchmal ganz ungewohnten Geschmäckern. Die Neugier, das Suchen und Verstehenwollen blieben Herbert Hintner bis heute.

> „Ich mache sehr gerne eine regionale Küche mit einer neuzeitlichen Inspiration. Meine Hobbys sind die Suche nach alten, bereits vergessenen Produkten, Radfahren und Wandern. Ich lese gerne alte Bücher über kochgeschichtliche Epochen."

Die Pflege der heimischen Küche ist für Herbert Hintner auch eine soziale Verantwortung. Regionale und heimische Produkte danken dem Produzenten seinen wertvollen Beitrag zur Erhaltung der bäuerlichen Kultur. Zudem ist nur das Wissen um die Herkunft der Produkte ein unmissverständlicher Garant für deren Qualität. Nachwuchskräften vermittelt er deshalb die Sensibilität für diesen Reichtum.

Zur Rose: Kloatzenravioli mit Graukäse

FÜR 4 PERSONEN

Für die Kloatzenravioli
50 g Weizenmehl Type 405
50 g Kloatzenmehl (Mehl aus getrockneten Birnen)
30 g Hartweizengrieß
Salz
2 Eier
200 g gekochte, passierte Kartoffeln
50 g weiche Butter
frisch gemahlener schwarzer Pfeffer
80 g Graukäse

Für die Graukäsepraline
40 g Graukäse
30 g feine Schnittlauchröllchen

Zum Anrichten
etwas Kloatzenmehl
zerlassene Butter
nach Belieben gegarte Crosnes (Knollenziest) oder geröstete Kartoffelwürfel

Kloatzenravioli
Aus den Mehlen, dem Grieß, einem Ei und 1 Prise Salz einen geschmeidigen Teig kneten und in Klarsichtfolie gewickelt 2 Stunden ruhen lassen. Die Kartoffeln mit der Butter glatt rühren und mit Salz und Pfeffer abschmecken. Den Graukäse fein reiben und unter den Teig rühren. Den Teig dünn ausrollen, Kreise (15 cm Durchmesser) ausstechen und mit der Kartoffelfülle belegen. Das restliche Ei verquirlen, die Teigränder damit bestreichen, übereinander klappen und gut andrücken. Die Ravioli in leicht gesalzenem, kochendem Wasser 4–5 Minuten kochen.

Graukäsepraline
Den Graukäse zu kleinen Kugeln formen und in fein geschnittenem Schnittlauch wälzen.

Anrichten
Die Ravioli auf den Teller geben, mit etwas Kloatzenmehl bestreuen und die Graukäsepraline mittig daraufsetzen. Das Ganze mit der Butter beträufeln. Gegebenenfalls können gegarte Crosnes oder geröstete Kartoffelwürfel als Garnitur verwendet werden.

Das Mehl aus getrockneten Birnen, den „Kloatzen", war in vergangenen Zeiten der Zucker der armen Leute und ist heute das Fundament für einige der wegweisendsten Kreationen von Herbert Hintner zusammen mit Sohn Daniel in ihrer hochklassigen Zur-Rose-Küche mit tatsächlich und intelligent gelebtem Regionalbekenntnis

Manuel Ebner – Ansitz Rungghof, Restaurant 1524 und Hotel

~ Girlan ~

Im Rungghof, oberhalb von Girlan mitten in gepflegten Rebanlagen gelegenen, bewährt sich bereits ein Spitzenkoch der nächsten Generation. Manuel Ebner, ein Schüler von Herbert Hintner, ausgestattet mit großem Talent und Ehrgeiz, praktiziert in diesem besonders reizvollen, historischen und modern klug verbundenen Ambiente eine äußerst anspruchsvolle und kreative Hochküche.

Manuel Ebner ist auf der Suche nach alten, vergessenen Traditionen und Bräuchen der Überetscher Lebenskultur, um sie ins Hier und Jetzt zu transportieren. Seine Küche ist sein Atelier oder Forschungslabor, wo er mit Aromen, Salzen und Ölen experimentiert und auf uralte Verköstigungsbräuche zurückgreift, denen er seine eigene Note verleiht, um neue, ungewöhnliche Geschmacksnuancen zu kreieren. Er kombiniert unterschiedlichste Zutaten und schafft unkonventionelle Kreationen. Gelegentlich spielt er mit dem Feuer, räuchert mit harzarmen, aromatischen Hölzern.

„Mir ist es sehr wichtig, den Gast mit Geschmäckern und Aromen aus der Natur zu begeistern. Diese authentisch und eins zu eins wiederzugeben, ohne zu verfälschen liegt mir sehr am Herzen. Der Gast sollte erkennen, was er isst, ohne rätseln zu müssen, was es denn sein könnte. Ich will vergessene Kräuter und Pflanzen, die fälschlich als Unkraut bezeichnet werden, wiederaufleben lassen. Die Natur gibt uns zum Kochen alles vor, die Form, die Farbe und den Geschmack!"

Das Restaurant 1524 ist ein großzügig gestalteter Pavillon im Garten umringt von Weinbergen und Obstwiesen mit herrlicher Aussicht auf Girlan und Eppan, ein idealer Platz, um Manuel Ebners kulinarische Kreationen zu genießen.

Diese sind nie ganz zufälliger Art, vielmehr plant der junge Spitzenkoch mit viel Hingabe und Akribie: Das gesamte Arrangement auf dem Teller wird vorher auf einem Blatt Papier skizziert. Oft wirken die Gerichte durch farbliche Kompositionen oder punkten wie Gemälde bekannter Künstler, auch sind ab und zu Inspirationen von Vorbildern wie Massimo Bottura dabei, dies allerdings nie als zu nahe Anlehnung, sondern als respektvolles Zitat innerhalb der eigenen Kreation.

So ist das Essen im 1524 immer eine vielfältig sinnliche Erfahrung, die mit den allerbesten Südtiroler Weinen aus dem Rungghof-Keller abgerundet wird. Gerichte, die Manuels Handschrift gut widerspiegeln, sind der Risotto vom Lavendel mit dehydrierter Zitrone und Kapern, die Tagliolini von der Holzkohle mit Latschenkiefer oder das Kalbsbries mit Spinat. Auch bei den Süßspeisen geht der kreative Koch mit einem Sorbet von der roten Bete mit Johannisbeeren, geeisten Waldfrüchten und Moos oder einem Kartoffeleis mit Marille und Zimt ganz neue Wege.

Manuel Ebners schöne, neue Welt im Panorama-Restaurant am Rungghof

Rungghof: Kalbsbries

mit einer Emulsion von Petersilie, eingelegten Pfifferlingen, Schüttelbrot und Moos-Sauerklee

FÜR 4 PERSONEN

Für das Kalbsbries
500 g Kalbsbries
1 Zwiebel
1 Karotte
2 Knoblauchzehen
1 Lorbeerblatt
1 Rosmarinzweig
1 TL schwarzer Pfeffer
Salz
1 EL Pflanzenöl (z. B. Rapsöl)
1 EL Butter

Für die eingelegten Pfifferlinge
200 g frische kleine Pfifferlinge
1 Lorbeerblatt
15 schwarze Pfefferkörner
2 Knoblauchzehen, gehäutet
2 Schalotten
200 g Weißweinessig
22 g Salz

Für die Petersilienemulsion
200 g glatte Petersilienblätter
Salz
2 EL natives Olivenöl extra
frisch gemahlener schwarzer Pfeffer

Für das Baummoos
10g Baummoos
Salz

Für das Schüttelbrot
50 g Schüttelbrot
1 EL neutrales Pflanzenöl (z. B. Rapsöl)

Zum Anrichten
20 Blätter Sauerklee

Kalbsbries
Das Bries in kaltem Wasser 1–2 Stunden wässern, anschließend gut abtropfen lassen. Die gehäutete Zwiebel, die geschälte Karotte und den gehäuteten Knoblauch würfeln, zusammen mit den Gewürzen und Kräutern in einem Topf mit etwas Salz zum Kochen bringen und das Bries dazugeben. Den Topf vom Herd nehmen und das Bries 5–10 Minuten im Sud ziehen lassen. Durch ein Sieb gießen, das Bries von den feinen Häutchen befreien und beiseitelegen. Vor dem Servieren das Öl und die Butter in einer Pfanne erhitzen und das Kalbsbries darin anbraten.

Eingelegte Pfifferlinge
Die Pfifferlinge sorgfältig putzen, waschen und auf einem Küchentuch abtropfen lassen. Die Pilze zusammen mit den Gewürzen, dem fein geschnittenen Knoblauch und der in feine Scheiben geschnittenen Schalotte in ein Schraubglas geben. 600 ml Wasser

mit dem Essig und dem Salz aufkochen und den Sud über die Pfifferlinge gießen. Mit dem Deckel verschließen und 24 Stunden ruhen lassen.

Petersilienemulsion
Die Petersilie in Salzwasser blanchieren und mit etwas Olivenöl fein mixen. Anschließend durch ein Sieb passieren, mit Salz und Pfeffer abschmecken, in eine kleine Spritzflasche umfüllen und im Kühlschrank kalt stellen.

Baummoos
Das Moos in einem Topf mit leicht gesalzenem Wasser blanchieren. Diesen Vorgang jeweils mit frischem Wasser zweimal wiederholen. Anschließend das Moos auf einem Backblech auslegen und im auf 75 °C vorgeheizten Backofen (Umluft) 2–3 Stunden trocknen. (Durch diesen Vorgang verliert das Moos seine bittere Note und bekommt einen milden Geschmack.)

Schüttelbrot
Das Schüttelbrot mit einem Mörser zerkleinern. Das Öl in einer Pfanne erhitzen, die Brotbrösel kurz anrösten und dann auf einem Küchenpapier ausbreiten.

Anrichten
Auf einem flachen Teller die Petersilienemulsion in Punkten anrichten, die Pfifferlinge, die fein geschnittenen Schalotten, die Schüttelbrotbrösel, das Moos und die Sauerkleeblätter verteilen und das Bries darauf anrichten.

UEBERETSCH · UNTERLAND

Willi Stürz – Kellerei Tramin

~ Tramin ~

Die duftige Vielschichtigkeit der Rebsorte Gewürztraminer ist legendär, genauso wie die geschmackliche Bandbreite dieser uralten Kulturrebe, und Willi Stürz beherrscht so virtuos wie kein anderer die Klaviatur der Interpretationsmöglichkeiten. Schon der „einfache" Gewürztraminer ist eine Wucht. Trocken ausgebaut passt er als fantastischer Aperitif zu den typischen Südtiroler Spezialitäten wie Bauernspeck, Kaminwurz und Schüttelbrot.

Darüber hinaus ist der nach Rosen duftende, exotisch anmutende Wein ein idealer Begleiter einer modernen durchaus auch asiatisch angehauchten Küche. Der bisherige Gipfel bei der Interpretation dieser weißen Primadonna unter den Reben ist ein Wein namens „Epokale". Die Trauben für diesen Wein stammen von zwei der ältesten Gewürztraminer-Weinberge nahe dem legendären Nussbaumerhof. Um seinen Charakter bestmöglich zu entwickeln, reift die Spätlese „Epokale" für sieben Jahre im dunklen Poschhaus-Stollen im Ridnauntal auf über 2000 Metern Höhe vier Kilometer tief im Berginneren, bewahrt somit ihre Frische und gewinnt an Eleganz dank der Umgebung in der das ganze Jahr 90 Prozent Luftfeuchtigkeit und eine ideale Temperatur von 11 °C herrschen.

Aber Willi Stürz kann nicht nur Gewürztraminer, sein großes Spektrum beinhaltet alle weiteren klassischen Rebsorten Südtirols, insbesondere hat er sich auf Cuvées spezialisiert. Eine bestens lagerfähige und trotz Holzeinsatz immer frisch wirkende Weißwein-Cuvée namens „Stoan" und eine fulminante wegweisende Rotwein-Cuvée namens „Loam". Interessant ist festzustellen, dass der Grauburgunder, italienisch Pinot Grigio, zwar die meist angebaute Rebsorte in ganz Südtirol ist,

Avantgardistische Architektur und die visionäre Kraft von Willi Stürz sind zwei wichtige Eckpfeiler im Genussprofil der Kellerei Tramin

diese aber kaum irgendwo wirklich stattfindet. Nur ganz im Norden des Anbaugebiets hat man sich am Köfererhof dieses Weins angenommen, und hier ganz im Süden ist es die Kellerei Tramin, welche mit dieser Rebsorte ein neues Kapitel aufschlägt. Aber vor allem ist es der Traminer Kellermeister Willi Stürz, der dem Grauburgunder mit markant würzigem Holzeinsatz aus der Lage „Unterebnerhof" deutlich Statur und Kontur verleiht und somit die schöne Palette der Traminer Weine perfekt ergänzt. Unnötig zu sagen, wie erfolgreich das ganze Traminer Sortiment aus der modern gestalteten Kellerei ist, denn sie wird seit Jahren mit Lob und Anerkennung geradezu überschüttet.

Wein aus Tramin war schon am Ende des 13. Jahrhunderts, damals noch als Weißer Lagrein – vor allem in Bayern –, sehr beliebt. Bis ins 18. Jahrhundert war mit Lagrein meist der Weiße Lagrein gemeint, der seit dem Mittelalter bis in die Neuzeit wahrscheinlich die bedeutendste Südtiroler Sorte war. Erstmals bezeugt ist „bonum Lagrinum" – guter Lagreinwein – in einer Traminer Urkunde von 1379. Erst eine landwirtschaftliche Reform von Erzherzog Johann von Österreich legte den Namen Traminer für diese alte Rebsorten-Genetik fest.

Willi Stürz ist ein echter Traminer, hat also Traminer im Blut und ist mit diesem Ort, seiner Kultur und den Menschen seit jeher eng verbunden. Als Kellermeister ist er Impulsgeber und der Qualitätsgarant der Kellerei Tramin, ein großer Fachmann von nicht alltäglichem Format.

Die Kellerei Tramin, 1898 gegründet und somit eine der ältesten Kellereien in Südtirol, bearbeitet 260 Hektar Weinberge von rund 300 Weinbauern in und um den Weinort Tramin, der Heimat, der heute weltweit verbreiteten Rebsorten Traminer und Gewürztraminer.

Rechts: Die Zypressen kündigen den Übergang ins Trentino an, im Hintergrund das St.-Jakobs-Kirchl in Kastelaz

Rechte Seite oben: Ausblick auf die Traminer Rebanlagen aus der Vinothek der Traminer Kellerei

Rechte Seite unten: Romanischer Freskenzyklus von 1220 in der St.-Jakobs-Kirche

„Seit mehr als 25 Jahren setze ich mich mit großer Leidenschaft für das Entstehen von authentischen Traminer Weinen ein. Behutsam will ich sie begleiten. Sie sollen unverfälscht ihren Charakter zeigen und ein Spiegelbild ihrer Herkunft sein."

185

Martin Foradori – Weingut J. Hofstätter mit Enoteca, Restaurant und Weinbar

~ Tramin ~

„Wir möchten einen Wein in die Flasche bringen, welcher die Charakteristik unseres Terroirs und auch meinen Charakter ausdrückt. Die Weine sollten frisch, elegant und langlebig sein. Uns gefallen nicht diese überstrukturierten, marmeladigen, fetten Weißweine, die nicht unser Gebiet widerspiegeln. Meine Weine entstehen aus der Idee, ein Glas nach dem anderen mit Freude zu trinken, bis die Flasche leer ist."

Zum Weingut Hofstätter gehören mehrere Höfe, darunter auch fünf historische Herrschaftshäuser, die für Südtirol typischen Ansitze. Sie liegen mit ihren Weingärten östlich und westlich des Flusses Etsch. Die Weine tragen die Namen der Höfe wie Barthenau mit Yngram, Kolbenhof, Steinraffler und Oberkerschbaum. Die Reben wurzeln auf Hochebenen und an Hängen in einem Höhenspektrum von 250 bis 800 Metern. Je nach Talseite lässt die Morgen- oder Abendsonne die Trauben reifen. Der Boden ist vielschichtig, je nach Lage schotterig und sandig mit kalkhaltiger Durchmischung oder vulkanischen Ursprungs.

Der anspruchsvolle Gewürztraminer gedeiht darauf ebenso wie der empfindliche Blauburgunder, eine Seltenheit in diesen Breiten.

Gewaltige Gletscher haben hier vor Urzeiten eine breite Schneise in das porphyrhaltige Bergmassiv zwischen Ortlergruppe und Dolomiten gefräst und sowohl einen Wasserlauf, die Etsch, wie bei Kaltern den gleichnamigen See geschaffen, der sich aus Grundwasser speist. An den Flanken bildeten sich Lehmböden aus, in deren Ausläufern sammelte sich vornehmlich Geröll, und die Talsohle füllte sich meterhoch mit Schwemmland.

Linke Seite: Martin Foradori hat die außerordentliche Qualität der J.-Hofstätter-Weine fest im Blick

Linke Seite unten und links: Traditionelles Holzfasslager mit Barriques und Gärkeller mit Betontanks nach neuesten Erkenntnissen

So wurde vor Jahrtausenden geologisch angelegt, was die Kulturlandschaft bis heute prägt. An den Hängen mit ihren lockeren, steinigen Böden gedeiht der Wein am besten, im Boden der Ebene das Obst.

Auf der Talseite gegenüber von Tramin liegt das Hochplateau von Mazon mit seinen berühmten Burgunderlagen. Sie neigen sich der Abendsonne zu und der Ora entgegen, die bis in die frühen Abendstunden talaufwärts weht. So werden die anspruchsvollen Trauben trocken und gesund gehalten.

Ende des 19. Jahrhunderts hatte sich Ludwig Barth zu Barthenau, ein Universitätsprofessor mit Liebe zum Wein, in Mazon das gleichnamige Anwesen erbaut und erstmals die Blauburgunderrebe angepflanzt. Beim Ansitz dieses Pioniers liegen sehr gute Weingärten, die sich bis zu den nahen Yngram-Höfen erstrecken. Dort gedeihen der Weißburgunder „Vigna San Michele" und die beiden Blauburgunder „Vigna San Urbano" und „Riserva Mazon". Zum Herzstück der Lage gehört ebenso die Parzelle Roccolo mit ihren über 70 Jahre alten Reben, die auf der traditionellen Pergola wachsen.

Die Hanglage am Kolbenhof bei Söll oberhalb von Tramin ist wiederum ideal für den Gewürztraminer. Auf der westlichen Seite der Etsch bekommt sie Morgensonne und dank frischer Fallwinde ausreichend Abendkühle. Die Vorzüge dieser Rebgärten waren schon den Jesuiten in Innsbruck bekannt, die im 18. Jahrhundert dort ihren Wein kelterten. Dazu gehört auch die historische Parzelle Pirchschrait, die ebenfalls mit Gewürztraminer bestockt ist.

Angrenzend an den Kolbenhof liegt ein stärker nach Süden ausgerichteter, extrem steiler Weinberg, südtirolerisch Leiten. Er fällt in die tiefe Schlucht des Höllentals ab und ist einem ganz besonderen Mikroklima ausgesetzt. Dank anhaltender Kühle reifen die Trauben langsam und werden erst im November von Hand gelesen. Sie sind dann überreif und besonders schmackhaft, ideal für die Gewürztraminer Spätlese „Rechtenthaler Schlossleiten".

Unterhalb des Kolbenhofs, am Fuße des Söller Berges, liegt eine sanftere Hanglage mit schotterigem Boden, welcher dem Weingarten „Steinraffler" den Namen gibt, denn Raffler heißt soviel wie Sammler und gesammelt hat sich hier von einem kleinen Bach angeschwemmtes Gestein. Der „Steinraffler" mit seiner Höhe von 250 Metern und sich leicht erwärmendem Boden sowie das besondere Mikroklima mit der warmen Ora und den Winden vom Kalterer See bietet beste Bedingungen für den Lagrein. Seit dem 13. Jahrhundert wird diese Rotweintraube bereits im Südtiroler Unterland angebaut.

Südlich von Mazon liegt der Oberkerschbaumer Hof auf 750 bis 800 Metern Meereshöhe. Seine nach Süden weisende Berglage ist ideal für weiße Rebsorten, denn die Trauben reifen hier besonders langsam und können somit spät gelesen werden, was ihnen die besondere Aromatik einer Spätlese mit frischen, mineralischen und fruchtigen Aromen verleiht, analog zu Deutschland. Von dem steil über dem Tal angesiedelten Hof bietet sich eine spektakuläre Sicht auf die schroffen Felswände jenseits der Etsch bis hinein ins Trentino. Er liegt an der Gfriller Passstraße, die – einst ein wichtiger Handelsweg – ins Cembratal führt. Auf dieser Straße oberhalb von Salurn bei Buchholz wanderte vor rund 500 Jahren Albrecht Dürer nach Venedig.

Zum Weingut gehört das Restaurant Hofstätter Garten mit sehr hübscher Terrasse, dort gibt es zur großen Weinpalette und zur geografischen Lage an der Sprachgrenze passende beste Südtiroler Küche mit italienischen Akzenten wie Risotto mit Ziegenfrischkäse, roter Bete und Pinienkernen oder hausgemachte Wildravioli in Thymian-Rahm-Sauce.

Der Weinort Tramin, der einer der ältesten Kulturreben der Welt den Namen gab

Armin Pernstich – Taberna Romani

~ Tramin ~

Armin Pernstich liebt die leisen Töne, sowohl bei seinen klug durchdachten Gerichten, die immer zart gewürzt und nie laut daherkommen, als auch im persönlichen Gespräch. Er versteht sich im wahrsten Sinne des Wortes als – hervorragender – Handwerker, der seine Produkte bestens kennt und diese so unverfälscht wie möglich auf den Teller bringen möchte. Und dies in einem ganz besonderen Ambiente, welches im sommerlichen Garten mit seinen von altem Gemäuer beschützen Palmen bereits deutlich mediterrane Akzente hat und in der kalten Jahreszeit innerhalb der alten naturbelassenen Mauern eine große Wärme und Gemütlichkeit ausstrahlt.

Armin Pernstich erläutert seine Philosophie so: „Man beherrscht das Handwerk, indem man weiß, wie man Tomaten abzieht oder ein ganzes Lamm zerlegt, Speck selber pökelt und räuchert oder einen Apfelbaum pflanzt. Meine Philosophie ist grundsätzlich, so wenig wie möglich Produkte kaufen, die entweder halbfertig oder fertig für den Verbrauch sind, sprich unser Handwerk von Grund auf beherrschen und auf Lebensmittel setzen die man in der Region bekommt, und die Jahreszeiten respektieren."

Die persönliche Beziehung zu den Erzeugern aus der Region ist Armin Pernstich wichtig. Handwerklich hergestellte Speisen von den Nudeln bis zum Eis sind selbstverständlich. Für die Fleischgerichte werden die Tiere überwiegend im Ganzen gekauft, selbst zerlegt und verarbeitet, denn man kann alles verwerten. Ein eigener Garten mit Gemüse und Kräutern sowie eine kleine biologische Landwirtschaft münden in eine selbst hergestellte kleine Produktpalette mit natürlich mildem, kräuterwürzigem Speck und Wurstwaren sowie Eingemachtem von Äpfeln, Himbeeren, Pfirsichen, Nektarinen, Marillen, Zwetschgen, Birnen, Quitten, Ringlo, Trauben und Holler. Die Karte liest sich im zeitgeistigen Telegrammstil, will eben nur das Wichtigste verraten, keine Geschichten erzählen, lieber mit dem vollendeten Gericht überzeugen.

Links: Die Winzerin Ingun Walch überzeugt mit einer ganz eigenen Interpretation der Traminer Referenzrebsorte mit dem verheißungsvollen Namen Rotkehlchen

Linke Seite: Der Ansitz Romani mit seiner Taberna ist nur durch die engen Gassen von Tramin erreichbar. Hinter diesen Mauern offenbart sich Armin Pernstichs Mikrokosmos mit Partnerin Sabine, Gemüsegarten und eigenen Hühnern

Ganz in der Nachbarschaft ist das mit dem Geschichtenerzählen anders. Im Grunde nur einen Steinwurf entfernt liegt die Hofkellerei, die mit einem der außergewöhnlichsten Weine aus der Traminer Kult-Rebsorte aufwartet: dem Gewürztraminer mit der Bezeichnung „Rotkehlchen", ein auf den Schalen vergorener Wein mit einer schönen hellroten Farbe, ganz wie ein Rotkelchen eben.

Ein Rosé? Eigentlich nicht, denn die feine Herbe sowie die kantige Kontur, die diesen gastronomischen Allrounder charakterisiert, hat nun wirklich nichts mit dem üblichen Geschmacksbild eines Rosé – woher auch immer – zu tun … und dann ist da noch diese so verführerische, exotische Nase, ein echtes Mysterium, welches ein wenig an 1001 Nacht mit seinen Geschichten und allen Gerüchen des Orients erinnert. Dieser außergewöhnliche aparte Roséwein wird zu 100 Prozent aus maischevergorenen – ähnlich einem Rotwein – Gewürztraminer-Trauben gewonnen. Das „Rotkehlchen" ist im Vergleich zum klassischen Gewürztraminer-Weißwein etwas weniger aromatisch, hingegen bedingt durch den erhöhten Tanningehalt etwas markanter. Der Gewürztraminer als „Roséwein" fällt der Farbe wegen nicht unter den DOC-Status und ist somit ein Tafelwein, was aber geschmacklich in keinster Weise eine Abwertung darstellt!

Ingun Walchs Zugang zum Wein hat bereits in ihrer Kindheit begonnen, sowohl ihr Großvater als auch ihr Vater Willi Walch haben ihr die Liebe zum Wein in die Wiege gelegt. Spätestens als ihre Eltern 1977 die Hofkellerei gegründet haben, war der Kontakt zum Wein tagtäglich gegeben. Die Erntezeit war schon in der Kindheit eine aufregende Zeit. In die internen Abläufe einer Kellerei hat Ingun sich recht früh von ihrer Mutter Gerlinde einführen lassen. Dann kam das Studium für Lebensmittel- und Biotechnologie an der Universität für Bodenkultur in Wien, anschließend ein Studium als Diplom-Ingenieurin im Weinbau und Önologie an der Fachhochschule Wiesbaden, dann zwei Jahre Studium in San Michele und ein Jahr in Geisenheim. Um ihr Fachwissen zu vertiefen, unternahm Ingun Bildungsreisen nach Australien und Neuseeland und absolvierte dort verschiedene Praktika. Ihr Ziel ist es, sortenreine und typische Weine zu produzieren, bei denen es Freude macht, ein zweites Glas zu trinken.

Linke Seite: Überhaupt kein Schnickschnack, das Ambiente in der Taberna ist symbolhaft für die Küche und Gastlichkeit: geradlinig, unverschnörkelt, elegant

Links: Bilck in den Gastgarten der Taberna Romani, ein wahres Refugium mit südlichem Flair

Ansitz Romani: Ochsenschwanztortelli

auf Selleriepüree, Karotten und Apfel

FÜR 4 PERSONEN

Für die Ochsenschwanztortelli
200 Mehl Type 405
300 feiner Hartweizengrieß
10 Eigelb
4 Eier
Salz
natives Olivenöl extra
1 Ochsenschwanz am Stück
(ca. 1,4 kg)
4 Karotten
ca. 500 g Knollensellerie
1 Petersilienwurzel
2 mittelgroße Zwiebeln
frisch gemahlener schwarzer Pfeffer
3 EL Butterschmalz
1 EL Tomatenmark
750–1500 ml trockener Rotwein
100 g Parmesan
100 ml Béchamelsauce
1 Bund glatte Petersilie
2 Zweige Rosmarin

Für das Selleriepüree
1 mittelgroßer Knollensellerie
(ca. 800 g)
ca. 100 ml flüssige Sahne
Salz
frisch geriebene Muskatnuss

Für die Apfel- und Karottenkugeln
1 großer Apfel (z. B. Granny Smith)
1 große Karotte
2 EL Butter
2 EL Zucker

Zum Anrichten
frisch geriebener oder gehobelter Parmesan
Nussbutter

Ochsenschwanztortelli
Das Mehl, den Hartweizengrieß, die Eigelbe, 2 Eier, etwas Salz und Olivenöl in eine Rührschüssel geben und mit den Knethaken des Handrührgeräts oder in der Küchenmaschine verrühren. Den Teig auf eine bemehlte Arbeitsfläche geben und 10 Minuten gut durchkneten, bis ein homogener, elastischer Teig entstanden ist. Den Teig zu einer Kugel formen und in Klarsichtfolie gewickelt etwa 1 Stunden im Kühlschrank ruhen lassen.
Den Ochsenschwanz parieren, an den Gelenkstellen trennen und beiseitelegen. 2 Karotten, 250 g Sellerie, die Petersilienwurzel und die Zwiebeln schälen, in grobe Würfel schneiden und beiseitestellen.
Die Ochsenschwanzscheiben salzen und pfeffern. 2 EL Butterschmalz in einem Schmortopf erhitzen, die Ochsenschwanzscheiben portionsweise scharf anbraten und anschließend beiseitestellen. Das vorbereitete Gemüse im restlichen Butterschmalz gut anbraten. Das Tomatenmark dazugeben, ebenfalls gut anbraten und dann mit etwa 100 ml Rotwein ablöschen. Die Ochsenschwanzscheiben wieder in den Topf geben und mit dem restlichen Rotwein

übergießen, bis sie von Flüssigkeit überdeckt sind. Den Ochsenschwanz etwa 3 Stunden bei niedriger Temperatur zugedeckt schmoren lassen. Am Ende der Garzeit sollte sich das Fleisch sehr leicht vom Knochen lösen lassen. Es werden etwa 400 g Fleisch benötigt.

Die restlichen Karotten und den restlichen Sellerie in sehr feine Brunoise schneiden, diese kurz in kochendem Salzwasser blanchieren, abgießen und in Eiswasser schnell abkühlen. Anschließend in einem Sieb sehr gut abtropfen lassen. Das gut abgetropfte Wurzelgemüse zusammen mit dem klein gezupften Fleisch, dem Parmesan, den restlichen 2 Eiern und der Béchamelsauce in eine Schüssel geben. Die Kräuter abzupfen, fein hacken und zum Fleisch geben. Das Ganze zu einer homogenen Masse verarbeiten.

Den Nudelteig mithilfe einer Nudelmaschine zu feinen Platten verarbeiten. Mit einem Ausstecher (Durchmesser 7–8 cm) Kreise ausstechen. In die Mitte jedes Kreises 1 TL der Masse setzen, die Teigränder aufeinander klappen und zusammendrücken. Die Teighalbmonde anschließend um den Zeigefinger wickeln und die Ecken zusammendrücken. Die Tortelli in kochendes Salzwasser gleiten lassen und in 2–3 Minuten gar ziehen lassen.

Selleriepüree
Den Sellerie schälen, in grobe Würfel schneiden und in Salzwasser weich kochen. Die Selleriewürfel abgießen und mit der Sahen nochmals erhitzen. Das Ganze in einem Standmixer sehr fein pürieren und nach Geschmack würzen.

Apfel- und Karottenkugeln
Den Apfel und die Karotte schälen und mithilfe eines Parisienne-Ausstechers kleine Kugeln formen. 1 EL Butter in einer Pfanne erhitzen und 1 EL Zucker karamellisieren lassen. Die Apfelkugeln darin kurz schwenken und anschließend beiseitestellen. Den restlichen Zucker in der restlichen Butter ebenfalls karamellisieren und die Karottenkugeln darin weich köcheln.

Anrichten
Das Selleriepüree auf den angewärmten Tellern ausstreichen, die Ochsenschwanztortelli darauf anrichten und mit der Nussbutter übergießen. Etwas Parmesan darübergeben und mit den Apfel- und Karottenkugeln garnieren.

Unten: Ochsenschwanztortelli mit Apfel- und Karottenkugeln auf dem Teller und was der eigene Garten alles bietet im Korb

Franziskus Haas – Weingut Franz Haas

~ Montan ~

„Ich liebe ganz einfach den Wein in allen seinen Facetten mit besonderer Vorliebe für den Pinot Noir. Mein Traum ist und wird es bleiben, alle mir in Südtirol zur Verfügung stehenden Möglichkeiten so zu optimieren, dass der Pinot Noir eindeutig nach Pinot Noir schmeckt! Die Aussage sollte sein: Ein toller Pinot, aber wo kommt der her?"

Diese große Liebe gepaart mit allergrößter Hingabe zum Pinot Nero charakterisiert den charismatischen Winzer. Nie ganz zufrieden, immer auf der Suche nach dem Optimum, ist der topseriöse Profi gleichzeitig aber auch ungeduldig wie ein kleines Kind, welches das Klingeln aus dem Weihnachtszimmer nicht erwarten kann. Immer wieder gelingen Franziskus mit einzelnen Selektionen und Fässern ganz große Würfe, welche er aber nie als Selektion, Edition oder Riserva auf den Markt bringt. Trotzig erklärt er dies Jahr für Jahr damit, dass er erst zufrieden sei, wenn die Gänze seiner geliebten „Pinots" seinem Anspruch genügen, er also bislang keinen Grund sehe, kleine Sonderpartien abzufüllen.

In den Jahren 1982 bis 1986 fand eine radikale Veränderung in den Haas'schen Weinbergen statt. Franziskus begann dort neue Anlagen mit einer Dichte von 6000 bis zu 12 500 Rebstöcken pro Hektar anzulegen, was nur möglich war, indem er Klone mit niedriger Ertragsleistung auswählte. Mit dem Ziel, Rebstöcke zu finden, die eine noch höhere Qualität gewährleisten, wurden auch Sorten gepflanzt, die traditionell für Südtirol nicht typisch waren.

So entstand beispielsweise die Rotwein-Cuvée „Instante", welche einen kleinen aber wichtigen Anteil der aus dem Rioja-Gebiet stammenden Rebsorte Tempranillo aufweist. Die Weinberge

Linke Seite: Mit die berühmtesten Blauburgunderlagen befinden sich in der Gemeinde Montan

Links: Die feinfühligen Hände eines Tüftlers und Blauburgunderverrückten

Prüfend und alles mit Regelmäßigkeit in Frage stellend, das sind wesentliche Grundzüge der Winzerlegende Franziskus Haas

liegen in den Gemeinden Montan und Neumarkt, an der Westseite des Berges Cislon. Die Anlagen befinden sich auf einer Höhe von 240 bis nunmehr 1150 Metern und bieten eine Vielfalt an verschiedenen mikroklimatischen Zonen und Böden, vom porphyrischen Sand über Tonerde bis hin zu sehr kalkhaltigen Böden.

Im Jahr 2000 pachtete Franziskus Haas aufgrund des fortschreitenden Klimawandels mehrere Hektar Grund auf bis zu 850 Metern Höhe in der Gemeinde Aldein und pflanzte dort Reben, welche inzwischen ausgezeichnete Ergebnisse mit Trauben für langlebige und säurebetonte Weine liefern, auch profitieren die Pflanzen von den rund vier Stunden mehr Sonnenlicht pro Tag.

Das jüngste und vielleicht auch stolzeste Kind aus diesen hohen Lagen ist der Pinot Nero „Pònkler", ein auf burgundische Größe angelegter Wein. Ob er sich mit den Jahren und der zunehmenden Flaschenreife dem Idealbild von Franziskus nähert, wird die Zukunft zeigen.

Die Gärung der Trauben erfolgt in offenen Behältern, in denen die Maische durch häufiges Unterstoßen des Tresterhutes ständig mit dem gärenden Most in Berührung kommt. Auf diese Weise können viele Farbstoffe und Aromabestandteile in den Wein übergehen. Nach beendeter Gärung wird der Wein in kleine Eichenholzfässer umgezogen, in denen er den biologischen Säureabbau macht. Der Wein reift dann dort 12 bis 15 Monate lang. Nach der Flaschenfüllung lagert das Flaggschiff des Hauses, der Pinot Nero „Schweizer", zur sogenannten Flaschenreife für ein knappes weiteres Jahr im Keller.

Im Jahr 1880 wurde das Fundament des heutigen Betriebs gelegt, welcher bisher seit sieben Generationen jeweils in die Hände des Erstgeborenen Franz Haas übergeben wurde.

Dass Weinreben nicht unbedingt am besten in Monokultur gedeihen, macht der Ausnahmewinzer Franz immer wieder deutlich.

Der schöne Ansitz Löwengang ist gleichzeitig ein hohes Qualitätsversprechen auf dem Weinetikett

Alois Clemens Lageder – Weingut Alois Lageder mit Vinothek Paradeis

~ Magreid ~

Dieses wunderschön im Zentrum Magreids am südlichsten Ende Südtirols, kurz vor dem Trentino, gelegene Traditionsweingut der Familie Lageder ist gewissermaßen immer einen Schritt voraus. War es in den 1980er- und 1990er-Jahren die absolute und bewährte Benchmark Südtirols auf dem internationalen Weinparkett und bester Botschafter für eine neue Südtiroler Weinkultur, so sind die Lageders in den letzten beiden Jahrzehnten die Vorreiter für eine der Natur zugewandten Weinkultur, mit Betonung auf dem Wort Kultur als umfassenden Begriff, eben als Kulturverständnis, welches die Kunst in allen Facetten wertschätzt.

Nach seinem Studium der Soziologie und Geschichte der Neuzeit in Zürich hat Alois Clemens Lageder an der Universität Geisenheim und im Erasmusjahr in Dijon Weinbau und Kellerwirtschaft studiert. Seine Ausbildung vertiefte er durch Erfahrungen in den USA und Frankreich, wo er unter anderem in der Domaine Marquis d'Angerville im Burgund arbeitete. Von September 2013 bis Ende 2015 konnte er in einer landwirtschaftlichen Vertriebsorganisation für Bio-Produkte in Luxemburg wertvolle Erfahrungen sammeln und zeitgleich einen berufsbegleitenden Masterstudiengang für Familienunternehmen an der Zeppelin Universität in Friedrichshafen absolvieren.

„Kontrast und Vielfalt sind für Südtirol identitätsstiftend, sowohl geologisch, mikroklimatisch als auch kulturell. Mit großer Leidenschaft spielen wir mit dieser Vielfalt und verbinden jedes Jahr aufs Neue, im Einklang mit der Natur, die einzelnen Komponenten miteinander."

Die betriebseigene Lageder'sche Qualitätseinteilung hat vier Kapitel, oder besser gesagt vier „Sätze": Die „Klassiker" sind Weine aus den klassischen Rebsorten, wie ein zartfruchtiger Weißburgunder oder ein eleganter Chardonnay. Die „Kompositionen", in der Regel Lagenweine, sind Kompositionen der Natur, wie der Moscato Giallo „Vogelmaier", ein geheimnisvoll würzig, nach Safran duftender, trocken ausgebauter Muskateller mit leicht salzigem Finale, der perfekte Aperitif, der beispielsweise im Banco 11 von Birgitta Puustinnen am Bozner Obstmarkt glasweise ausgeschenkt wird. Bemerkenswert auch der Pinot Grigio „Porer", ein geradlinig und gleichzeitig komplex ausgebauter Grauburgunder, der zeigt, wie man diese in Südtirol recht stiefmütterlich behandelte Rebsorte kaum besser interpretieren kann.

Der Grauburgunder ist zwar die am meisten angebaute Rebsorte Südtirols, aber anscheinend kommen nur wenige Winzer mit ihr zurecht, denn man findet diesen Wein in der Regel – wenn überhaupt – nur als Randnotiz auf den Weinlisten, offensichtlich fließt davon ein größerer Strom parallel zum Etsch in Richtung Süden. „Meisterwerke" heißen schließlich die ganz Großen aus den Lageder'schen Kellern. Allen voran der facettenreiche und besonders langlebige Cabernet Sauvignon „Cor", gleichermaßen das Herzstück der Lageder'schen Wein-Orchestrierung, wie auch das der Spitzenlage Römigberg, hoch über dem Kalterer See. Mit dem „Löwengang", sowohl als reinsortiger Chardonnay als auch als Cabernet-Cuvée verbinden sich für viele Weinfreunde große Emotionen und unvergessliche Eindrücke aus inzwischen drei Jahrzehnten. Grund genug, eine Jubiläumsedition zu kreieren: mit dem Jahrgang 1984 kam vor 30 Jahren der erste „Löwengang" Chardonnay auf den Markt. Der „30 Jahre Löwengang Chardonnay" drückt die Verbindung von jahrelanger Tradition und dem Bestreben nach Innovation aus. Die Lagen um Margreid eignen sich durch ihre Schotterböden aus Dolomitkalk besonders gut für Chardonnay.

Der Jubiläumswein ist ein Verschnitt der Jahrgänge 2013, 2014 und 2015, wodurch einzelne Komponenten dieses Weins für drei Jahre auf den Hefen im Barrique gelegen sind, andere die Jugendlichkeit widerspiegeln und so die Komplexität steigern. Der Jubiläumswein ist mit seinen bis zu 140 Jahre alten Reben und deren uralter DNA Sinnbild dafür. Hier wurden Jungreben durch die vor allem in Frankreich praktizierte „sélection massale" dieser alten Reben vermehrt, um die einzigartige DNA zu erhalten. Mit dem 2014er Jahrgang wurden erstmals nur die Reben dieser alten DNA selektiert und gekeltert, wodurch ein Qualitätssprung gelungen ist. Der Jubiläumswein trägt die Frische der jungen und gleichzeitig auch die Vielschichtigkeit und Harmonie der 140 Jahre alten Reben in sich, die nicht mit Kraft, sondern mit ihrer „Weisheit" bestechen. Eine Klasse für sich sind schließlich die „Kometen", limitierte Editionen, die aus Experimenten vor allem mit nicht regionaltypischen Rebsorten hervorgehen.

Die Geschichte der Familie Lageder in Verbindung mit Wein nahm ihren Anfang im Jahr 1823, als der junge Handwerksbursche Johann Lageder sich entschloss, in Bozen mit Wein zu handeln. Seine Nachfolger begannen selbst Wein zu keltern und erwarben einige Weinberge. Alois III., Urenkel des Gründers, erkannte die vielfältigen klimatischen Voraussetzungen Südtirols als Stärke und kaufte 1934 in Margreid das Weingut Ansitz Löwengang. Bald begannen auch andere Weinbauern, ihm Trauben anzuvertrauen. Unerwartet verstarb Alois III. bereits 1963, als Alois IV. erst 12 Jahre alt war. So führten seine Frau Christiane und seine älteste Tochter Wendelgard das Weingut, bis Alois IV. Mitte der 1970er-Jahre, gemeinsam mit seiner Schwester Wendelgard und deren Mann und Önologen Luis von Dellemann, begann das Weingut mit einem strikten Qualitätskurs und innovativen Methoden in Weinberg und Keller neu zu positionieren.

Heute werden die 50 Hektar familieneigene Weinberge biologisch-dynamisch bewirtschaftet. Die Biodynamie (griechisch: bios für Leben und dinamikòs für Bewegung) ist eine Arbeitsweise zur Erneuerung der Landwirtschaft, die auf den Grundsätzen der Anthroposophie beruht. Der österreichische Philosoph Rudolf Steiner begründete dieses Welt- und Menschenbild Anfang des 20. Jahrhunderts. Der anthroposophischen Haltung zufolge funktioniert ein landwirtschaftlicher Betrieb wie ein in sich geschlossener Mikrokosmos mit einer Vielfalt an Pflanzen und Tieren. Auch in der kultivierten Natur entsteht ein geschlossener Kreislauf zwischen Boden, Pflanzen und Natur. Für ein Weingut bedeutet dies, das komplexe Ökosystem aufrecht zu erhalten und zu erweitern, damit verbunden der Verzicht auf chemisch-synthetische Pflanzenschutzmittel, Herbizide, Fungizide, Insektizide und Mineraldünger, und somit auf die Anwendung von Präparaten und homöopathischer Tees als Hilfsmittel zu setzen. Weiter bedeutet dies die Artenvielfalt durch Einsaaten, Sträucher und Pflanzen, Tiere und das Düngen mit Kompost aufzubauen. All diese Maßnahmen führen zu einer besseren Bodenqualität und Fruchtbarkeit der Rebe.

Rechte Seite oben: Winzer mit Wissen: Soziologie, Geschichte der Neuzeit und Önologie sind nur einige Eckpfeiler in Clemens Lageders Wissensspektrum

Rechte Seite unten: Visionär mit Passion: Engagierte ökologische Verantwortungsnahme und eine feine Kunstsinnigkeit kennzeichnen Alois Lageders Universum

Weingut Lageder: Ribiselkuchen

FÜR 4 PERSONEN

Für den Ribiselkuchen
160 g Weizenmehl Type 405
80 g Butter
70 g Kristallzucker
1 Msp. Backpulver
1 Msp. Zimt
1 Eigelb
etwas Zitronensaft
3 EL Quittengelee
2–3 Eiweiß
Salz
500 g Ribisel (Johannisbeeren), geputzt

Ribiselkuchen
Aus dem Mehl, der Butter, 50 g Zucker, dem Backpulver, dem Zimt, dem Eigelb und dem Zitronensaft schnell einen Teig kneten, diesen zu einer Kugel formen und in Klarsichtfolie gewickelt 30 Minuten ruhen lassen. Den Teig anschließend auf einer bemehlten Arbeitsfläche dünn ausrollen und auf ein mit Backpapier ausgekleidetes Backblech legen.

Den Kuchenboden im auf 180 °C vorgeheizten Backofen etwa 10 Minuten hellbraun backen. Das Quittengelee cremig rühren und dünn auf den Kuchenboden streichen.

Die Eiweiß mit 1 Prise Salz und dem restlichen Zucker steif schlagen. Die Johannisbeeren unter den Eischnee ziehen und die Masse gleichmäßig auf dem Kuchenboden verstreichen.

Den Kuchen für weitere 25 Minuten in den Backofen schieben, bis er hellbraun ist. Den fertigen Kuchen vor dem Servieren gut abkühlen lassen.

Familie Alois Ochsenreiter – Weingut Haderburg mit Sektkellerei

~ Salurn ~

Ein schmaler von Zypressen gesäumter Weg führt zum Hausmannhof, einem alten, schmucken Ansitz auf den Hügeln oberhalb des Dorfes Salurn. Rund um den Hof liegen in bester Hanglage die Weinberge, die Hausherr Alois Ochsenreiter mit Ehefrau Christine und den Kindern Erika und Hannes nach den Regeln der Biodynamie bearbeiten. Modernste Maschinen werden eingesetzt, aber noch wichtiger sind die uralten Kellergewölbe, in denen der Wein reift.

Saftige Weißweine wie Sauvignon, Chardonnay und Gewürztraminer reifen hier, ebenso finessenreiche Rotweine vom Blauburgunder sowie eine Bordeaux-Cuvée aus Merlot und Cabernet. Zum Betrieb gehört auch das Weingut Obermairlhof im Eisacktal, auf dem frischer Sylvaner und mineralischer Riesling gedeihen. Und nicht zuletzt lagern abertausende Sektflaschen in den verwinkelten Kavernen. Das Weingut Haderburg ist vor allem für den gleichnamigen Sekt weithin bekannt.

1976 begann Alois Ochsenreiter als einer der ersten in Südtirol, aus Chardonnay- und Blauburgundertrauben Sekt nach der traditionellen Methode herzustellen, genauso wie Champagner hergestellt wird. Als eines der wenigen Weingüter Südtirols ist das Weingut Haderburg auf die Versektung eigener Weine spezialisiert. Vier verschiedene Qualitätssekte sind heute fester Bestandteil des schönen Sortiments, darunter die beständig hervorragende, ganz trocken ausgebaute Jahrgangs-Cuvée „Dosage Zero".

2017 wurde das Weingut um einen neuen, sehr weitläufigen und funktionalen, nicht mehr verwinkelten Keller erweitert. Tausende Sektflaschen sind hier aufgestockt, um mehrere Jahre auf den Hefen zu bleiben. Neben den Sektflaschen, befinden sich auch Stahl- und Holzfässer. Die Trauben für die Rotweine fallen von oben per Gravitation ins Fass und können von Sohn Hannes deshalb so schonend bearbeitet erden. Hannes geht gerne Laufen oder Radfahren. Diese Leidenschaft, die er selbst während der Ernte nicht vernachlässigt, braucht er, um abzuschalten und um zu überlegen, wie er am besten die eingekelterten Trauben vinifizieren soll.

Im neuen Keller findet auch seine Schwester Erika mehr Platz, um vor allem die großen Pinot-Nero-Weine mit Alterungspotential zu lagern, die sie nach mehreren Jahren mit ihrem Bruder gespannt verkostet. Erika bewahrt hier nicht nur den Wein auf, sondern auch den Honig, den ihre Bienen in den warmen Monaten in den Weinbergen und im benachbarten Wald sammeln.

> „Bodenständigkeit, Originalität und offen sein für Neues. Das ist unser Bestreben fürs Leben und für die Arbeit im Weinberg und im Weinkeller."

Linke Seite: Die Harderburg, heute Synonym für Südtiroler Schaumweine auf internationalem Top-Niveau. Der Hausmannhof ist der Familiensitz von Ochsenreiters mit Wein- und Sektkellerei

Spitzenqualität braucht vor allem Ruhe und Zeit, manche Sekte reifen hier bis zu zehn Jahre

Der Hausmannhof ist von außen betrachtet ein Ort der Beschaulichkeit, hinter den Mauern aber auch ein Ort des Experimentierens und Ausprobierens

Familie Hartmann Varesco – Gasthaus Kürbishof

~ Altrei ~

Am alleruntersten Zipfel Südtirols, etwas abgelegen, dadurch aber umso reizvoller, liegt inmitten des Naturparks Trudner Horn der schöne Kürbishof der Familie Varesco. Hartmann Varesco: „Alle Speisen werden von meiner Frau Sara und meinem Sohn Matthias zubereitet, unser toller Gemüsegarten liefert uns im Sommer immer frische Produkte, wie man so schön sagt: null Kilometer! Neben den zubereiteten Speisen sind auf der Karte immer unsere Lieferanten genannt, damit unsere Gäste stets informiert sind, woher beispielsweise das Fleisch kommt. Kurz gefasst ist unsere Philosophie: gut, frisch, authentisch."

Panna cotta vom Ziegenfrischkäse auf Altreier Gerste-Gemüse-Salat, Radieschencremesuppe mit gerösteten Schwarzbrotwürfeln, hausgemachte Hanf-„Farfalle" im Garten, gebrannte Mehlschlutzer gefüllt mit Käsefonduta und Rohnenknödel mit geriebenem Ziegerkas stehen auf der kleinen, immer nach Angebot wechselnden Karte. Alle Gerichte werden mit größter Sorgfalt zubereitet. Die Küche hat dabei eine Bandbreite von avantgardistisch anmutenden Gerichten wie einem feinen Carpaccio von Steinpilzen, Natur pur in Reinform, über herrliche hausgemachte Suppen, klassische Gerichte aus der Südtiroler Küche bis zu den wunderbaren hausgebackenen Kuchen. Auch bei der Weinauswahl kann man sich auf Hartmanns Empfehlungen getrost verlassen. Auf der kleinen Weinkarte ist zu äußerst genussfreundlichen Preisen das Beste aus Südtirol und den benachbarten italienischen Weinbaugebieten klug zusammengestellt.

Wichtig ist hier immer zu reservieren, da einerseits der Weg weit und andererseits nur eine limitierte Zahl an Plätzen verfügbar ist. Außerdem bietet der Kürbishof drei Zimmer mit Frühstück an. Die blau blühende Altreier Lupine, aus der ein recht spezieller Kaffee gewonnen wird, ist eine Südtiroler Lokalsorte. Früher lieferte diese Pflanze einen Kaffee, der gemischt mit Gerste oder Weizen getrunken und von den Frauen des Ortes vermarktet wurde und heute wieder entdeckt wird. Genau genommen sind die Altreier Kaffeebohnen weder Bohnen noch Kaffee. Die Pflanze wird bis zu 1,20 Meter hoch, sie wächst aufrecht und bildet kräftige Verzweigung aus, die Blätter sind seidig behaart und die wunderschönen Blüten sitzen im Blütentrauben auf etwa zehn Zentimeter langen Stielen, die Blütenkrone ist leuchtend blau mit gelblich weißen und vereinzelt auch rosa Farbtupfen. Lupinen zählen zur Familie der Hülsenfrüchte und sind mit den Gartenfrüchten Bohnen und Erbsen verwandt.

Altrei ist ein auf 1200 Meter Höhe gelegenes Bergdorf an der Grenze der Provinzen Bozen und Trient, die Gemeinde hat rund 380 Einwohner.

> „Wir haben im Kürbishof 25 bis maximal 30 Plätze in unserer Gaststube, im Service bringt meine Tochter Angelika ihren jungen Schwung mit ein, wir versuchen auch dort, immer wieder die Wünsche unserer Gäste im tagtäglichen Kontakt zu erfüllen."

Freude am Eigenanbau, Bekenntnis zur Zeit wie zum Ort und somit ein natürliches, kulinarisches Programm

Kürbishof:
Altreier Kaffee-Teigtaschen

mit Kartoffel-Bergkäse-Füllung

FÜR 4 PERSONEN

Für die Altreier Kaffee-Teigtaschen
150 g Weizenmehl Type 405
10 g Altreier Kaffee
2 Eier
Salz
2 mittelgroße, mehligkochende Kartoffeln
200 g frisch geriebener Bergkäse
3 EL fein gehackte Kräuter der Saison
40 g Butter
einige Zweige Thymian
1–2 EL Gemüsebrühe

Zum Anrichten
etwas frisch geriebener Grana Padano Trentino D.O.P. (36 Monate gereift, „Trentin Grana")

Altreier Kaffee-Teigtaschen
Das Mehl mit dem Altreier Kaffee in einer Schüssel vermischen. In die Mitte eine Mulde drücken und die Eier hineingeben. Etwas Salz hinzufügen und die Eier mit einer Gabel verquirlen. Mit den Händen rasch einen glatten Nudelteig aus den Zutaten herstellen und diesen zugedeckt etwa 30 Minuten ruhen lassen. Die Kartoffeln in Salzwasser weich kochen, schälen und abkühlen lassen. Anschließend fein reiben, mit dem Käse und den Kräutern mischen und zu einer elastischen Masse verarbeiten.
Den Nudelteig auf einer bemehlten Arbeitsfläche dünn ausrollen und mit einer wellenförmigen Form Kreise (Durchmesser 10 cm) ausstechen. In die Mitte jedes Kreises 1 TL Füllung geben, die leicht angefeuchteten Ränder aufeinanderklappen und gut festdrücken. Dann die Teigtaschen so aufstellen, dass sie wie Hahnenkämme aussehen.
Die Ravioli in leicht siedendem Salzwasser in 3–4 Minuten gar ziehen lassen, mit einem Schaumlöffel herausheben und gut abtropfen lassen.
Die Butter in einem kleinen Topf aufschäumen lassen, die Thymianzweige und die Brühe hinzufügen und die gut abgetropften „creste di gallo" darin schwenken.

Anrichten
Die „creste di gallo" auf vorgewärmten Tellern anrichten und mit frisch geriebenem „Trentin Grana" bestreuen.

Info
Der Altreier Kaffee ist kein „echter" Kaffee. Er wird aus den Samen einer Lupinenart gewonnen.

Die Altreier Lupine, früher Kaffeeersatz, heute ein wichtiger kulinarischer Grundstein für authentische Rezepturen

„Cook the mountain" ist Norbert Niederkoflers Erfolgskonzept und richtungsweisend für viele junge Südtiroler Köche

Norbert Niederkofler – Restaurant St. Hubertus mit Hotel Rosa Alpina

~ St. Kassian in Abtei ~

Das Restaurant Sankt Hubertus in St. Kassian im ladinischen Abtei/Alta Badia liegt zwar deutlich außerhalb der Südtiroler Weingegenden, ist aber deshalb nicht weniger attraktiv, sondern einer der absoluten gastronomischen Hotspots der ganzen Alpenregion. Norbert Niederkofler steht als erster und einziger Drei-Sterne-Koch Südtirols federführend für eine neue Generation von Spitzenköchen in den Dolomiten, die sich einer natürlichen Nachhaltigkeit verschrieben haben.

Für diese verantwortlich handelnde Avantgarde ist er Mentor, Impulsgeber und medialer Frontmann, denn es gelingt ihm wie keinem zweiten, Gerichte puristisch reduziert und schlüssig zugleich auf den Punkt zu bringen. Im besten Sinne sind seine Kreationen selbsterklärend und brauchen somit keine Betriebsanleitung, wie das bei einigen seiner skandinavischen Trendsetter-Kollegen der Nordic Cuisine durchaus ab und an von Nöten ist. Er bringt es eben auf den Punkt und dies auf geradezu verblüffend einfache Art und Weise, so ist sein Motto folgerichtig kurz und prägnant: cook the mountain!

„Ich bin wie du, ich habe Stärken und Schwächen. Wie alle von uns. Ich will ehrlich sein – mir gelingt nicht immer alles. Dir? Aber wenn ich es schaffe, dass Menschen einen bekannten Geruch und Geschmack aus ihrer Heimat erleben, bin ich einfach glücklich. Basierend auf diesem Verständnis wurde ‚cook the mountain', die Philosophie des Restaurants St. Hubertus, geboren."

Seine Gerichte sind durchgängig harmonische Kompositionen aus allerbesten Zutaten, wobei Niederkofler sich nicht scheut, mit vermeintlich einfachen Produkten, natürlich verfeinert durch seine große handwerkliche Könnerschaft, seine Gäste immer wieder zu verzaubern und in den Bann dieser alpin geprägten Küche zu ziehen.

Sein Degustationsmenü nennt Niederkofler „Unsere Identität auf Zeitreise", wobei die schlicht und einfach klingenden Kompositionen wie Salat von Bergkräutern, Tatar von der Renke, Süßwasseraal und Kamille, Bauerngerste mit Ziegenkäse, Taube vom Holzkohlegrill, Mangold und hausgemachte Miso oder schlicht und einfach Apfelstrudel so schlicht eben nicht sind, sondern voll großer Poesie und spürbarer Leidenschaft stecken.

Eingebettet ist dieser so besonders angenehme wie anspruchsvolle Platz für Feinschmecker und Philosophen in das Fünf-Sterne-Hotel Rosa Alpina der Familie Hugo und Ursula Pizzinini. Dieses einzigartige Haus ist ein großes gastrosophisches Gesamtkunstwerk, welches vom Tafelspitz über klassische Pizza – man muss wissen, dass das heutige Sternerestaurant ursprünglich eine Pizzeria war – bis hin zum Avantgarderestaurant von Norbert Niederkofler keinen Wunsch offen lässt.

Nicht vergessen sei der unter dem wachsamen Auge von Lukas Gerges fulimant sortierte Weinkeller, und dass hier ein äußerst dem Gast zugewandter, großartiger Service geradezu wie selbstverständlich wirkt.

St. Hubertus: Weißfisch

aus dem Passeiertal

FÜR 4 PERSONEN

Für die Holunderbeeren-Kapern
50 g grüne Holunderbeeren
50 g grobes Salz
200 ml Holunderbeerenessig
2 Lorbeerblätter

Für das Weißfischtatar
ca. 2 kg Weißfisch (z. B. Äsche)
600 g Salz
1 kg Kristallzucker
½ Bund Dill
½ Bund Liebstöckl
2 EL Traubenkernöl
2 l Sonnenblumenöl

Für die Terlanowein-Sauce
100 g Frühlingszwiebeln
100 g Lauch
100 g weiße Zwiebeln
etwa 500 g Karkassen von Weißfischen
etwa 500 ml trockener Weißwein der Kellerei Terlan
300 g Butter

Für das Liebstöcklöl
20 g Liebstöckl
50 g Traubenkernöl

Holunderbeeren-Kapern
Die Holunderbeeren waschen, abzupfen und für 3 Tage im Salz einlegen. Anschließend das Salz gut abspülen. Den Holunderbeerenessig mit 200 ml Wasser und den Lorbeerblättern erhitzen und die Holunderbeeren darin 3 Minuten kochen. Die Flüssigkeit in Schraubgläser abfüllen und diese gut verschließen. Die eingemachten Holunderbeeren-Kapern bei 90 °C etwa 20 Minuten im Dampfgarer konservieren. Die eingemachten Holunderbeeren-Kapern sind einige Monate haltbar.

Weißfischtatar
Den Fisch schuppen und die Schuppen beiseitelegen. Den Fisch filetieren und die Filets nochmals sorgfältig nach Grätenresten absuchen. Das Salz, den Zucker und die Kräuter, dabei je 2 Zweige zurückbehalten, vermischen und die Filets 3 Stunden darin marinieren. Danach die Filets abspülen, häuten und sehr fein würfeln. Das Fischtatar bis zum Servieren im Kühlschrank aufbewahren. Vor dem Servieren das Tatar mit dem Traubenkernöl und den fein gehackten, restlichen Kräutern würzen.
Die Schuppen nochmals unter Wasser säubern und gut trocknen. Anschließend das Sonnenblumenöl auf 180 °C erhitzen. die Schuppen darin knusprig ausbacken und auf Küchenpapier abtropfen lassen.

Terlanowein-Sauce
Die Frühlingszwiebeln, den Lauch und die Zwiebeln in grobe Stücke schneiden, mit etwa 3 l Wasser zum Kochen bringen und anschließend etwa 4 Stunden köcheln lassen. Die Gemüsebrühe durch ein feines Sieb gießen und beiseitestellen.
Die Karkassen unter fließendem Wasser gut säubern, trocknen und in einer Pfanne gut anrösten. Die Karkassen anschließend gut abtropfen lassen, zusammen mit dem Wein in 1 l Gemüsebrühe geben und etwa 2 Stunden köcheln lassen. Die Sauce dann durch ein feines Sieb gießen. Abschließend die Sauce nochmals erhitzen und die kalte Butter einmontieren.

Liebstöcklöl
Den Liebstöckl und das Öl in einen Thermomix füllen und für 14 Minuten bei Stufe 7 mixen. Das Ölgemisch anschließend durch ein feines Gazesieb tropfen lassen. (Das kann 3 Stunden dauern.)

Anrichten
Das Tatar mit einem Anrichtering in der Tellermitte anrichten und einige Holunderbeeren-Kapern und knusprige Schuppen darauflegen. Abschließend etwas Terlanowein-Sauce darübergießen und mit einigen Tropfen Liebstöcklöl beträufeln.

Adressverzeichnis der vorgestellten Betriebe

Weingut Köfererhof
Günther Kerschbaumer
Alte Pustertaler Str. 3
39040 Neustift
Tel.+39 (04 72) 83 66 49
www.Koefererhof.it
info@koefererhof.it

Weingut Nössing, Hoandlhof
Manni Nössing
Weinbergstraße 68
39042 Brixen
Tel.+39 (04 72) 83 26 72
www.manni-noessing.com
info@manninossing.it

Hansi Baumgartner
Degust Affineur
Bsackerau 1
39040 Vahrn
Tel. +39 (04 72) 84 98 73
www.degust.com
info@degust.com

Weingut Garlider
Christian Kerschbaumer
Untrum 20
39040 Feldthurns
Tel. +39 (04 72) 84 72 96
www.garlider.it
info@garlider.it

Eisacktaler Kellerei
Thomas Dorfmann
Leitach 50
39043 Klausen
Tel. +39 (04 72) 84 75 53
www.eisacktalerkellerei.it
info@eisacktalerkellerei.it

Wassererhof mit Buschenschank
Christoph und Andreas Mock
Völserried 21
39050 Völs am Schlern
Tel. +39 (33 87) 77 92 27
www.wassererhof.com
info@wassererhof.com

Restaurant Turmwirt
Maria Gasser
Gudon 50
39043 Klausen
Tel. +39 (04 72) 84 40 01
www.turmwirt-gufidaun.com
info@turmwirt-gufidaun.com

Restaurant & Gästehaus
Unterwirt
Thomas und Cornelia Hanselwanter
Gudon 45
39043 Klausen
Tel.+39 (0472) 84 40 00
www.unterwirtgufidaun.com
info@unterwirtgufidaun.com

Rauchhütte auf der Seiser Alm
Familie Andreas Lageder
Saltria 29
39040 Kastelruth
Tel. +39 (04 71) 72 78 30
www.rauchhuette.com
rauchhuette@rolmail.net

Zu Plun Destillerie
Florian Rabanser
St.-Valentin-Str. 9
39040 St. Valentin – Seis
www.zuplun.it
info@zuplun.it
Tel. +39 (03 35) 6 00 95 56

Restaurant und Hotel Turm
Stefan Pramstrahler
Kirchplatz 9
39050 Völs am Schlern
Tel. +39 (04 71) 72 50 14
www.hotelturm.it
info@hotelturm.it

Weingut Grottnerhof
Kathi Pramstrahler
Völserried 19
39050 Völs am Schlern
Tel. +39 (04 71) 72 50 14
www.grottner.it
info@grottner.it

Weingut Gumphof
Markus Prackwieser
Prösler Ried 8
39050 Völs am Schlern
Tel. +39 (33 51) 29 39 15
www.gumphof.it
info@gumphof.it

Restaurant und Hotel Heubad
Familie Hubert Kompatscher
Schlernstraße 13
39050 Völs am Schlern
Tel. +39 (04 71) 72 50 20
www.hotelheubad.com
info@hotelheubad.com

Binderstube
Werner & Monica Rabensteiner
Dorfstraße 10
39050 Völs am Schlern
Tel. +39 (04 71) 72 50 89
www.binderstube.jimdo.com
binderstube@brennercom.net

Restaurant & Bistrot Kuppelrain
Familie Jörg Trafoier
Bahnhofstraße 16
39020 Kastelbell
Tel. +39 (04 73) 62 41 03
www.kuppelrain.com
info@kuppelrain.com

Weingut Lehengut
Thomas Plack
Brunnengasse 2/B
39020 Kastelbell-Tschars
Tel. +39 (348) 7 56 26 76
www.lehengut.it
info@lehengut.it

Weingut Unterortl–Castel Juval
Martin Aurich
Juval 1B
39020 Kastelbell
Tel.+39 (04 73) 66 75 80
www.unterortl.it
info@unterortl.it

Restaurant Trenkerstube
Gerhard Wieser
Keschtngasse 18
39019 Tirol bei Meran
Tel. +39 (04 73) 92 36 93
www.hotel-castel.com
info@hotel-castel.com

Weingut Pratenberg
Karoline Sinn
Katzensteinstraße 22
39012 Meran
Tel. +39 (33 55) 28 80 77
www.pratenberg.it
info@pratenberg.it

Restaurant Miil
Othmar Raich
Gampenstraße 1
39010 Tscherms
Tel. +39 (04 73) 56 37 33
www.kraenzelhof.it
info@miil.it

Restaurant zum Löwen
Anna Matscher
Hauptstraße 72
39010 Tisens
Tel. +39 (04 73) 92 09 27
www.zumloewen.it
info@zumloewen.it

Gasthof Jäger
Familie Öttl
Apolloniaweg 5
39010 Sirmian
Tel. +39 (04 71) 67 86 05
www.gasthof-jaeger.com
info@gasthof-jaeger.com

Kellerei Terlan und Vinothek
Rudi Kofler und Klaus Gasser
Silberleitenweg 7
39018 Terlan
Tel. +39 (04 71) 25 71 35
www.cantina-terlano.com
office@kellerei-terlan.com

Weingut Kornell
Florian Brigl
Kosmas-und-Damian-Weg 6
39018 Siebeneich
Tel. +39 (04 71) 91 75 07
www.kornell.it
info@kornell.it

Weingut Erbhof Unterganzner
Josephus und Barbara Mayr
Kampillerweg 15
39053 Kardaun
Tel. +39 (04 71) 36 55 82
www.mayr-unterganzner.it
info@mayr-unterganzner.it

Weingut Ansitz Waldgries
Christian Plattner
St. Justina 2
39100 Bozen
Tel. +39 (04 71) 32 36 03
www.waldgries.it
info@waldgries.it

Gasthof Patscheiderhof
Familie Rottensteiner
Signat 178
39054 Ritten
Tel. +39 (04 71) 36 52 67
www.patscheider-hof.com
patscheiderhof@rolmail.net

Kellerei Bozen mit Vinothek
Stephan Filippi
Moritzinger Weg 36
39100 Bozen
Tel. +39 (04 71) 27 09 09
www.kellereibozen.com
info@kellereibozen.com

Weingut Pranzegg
Martin Gojer
Kampenner Weg 8
39100 Bozen
Tel. + 39 (32 84) 59 19 61
www.pranzegg.com
info@pranzegg.com

Restaurant im Parkhotel Laurin
Manuel Astuto
Laurin-Straße 4
39100 Bozen
Tel. +39 (04 71) 31 10 00
www.laurin.it
info@laurin.it

Gasthaus Vögele
Familie Wilhelm Alber
Goethestraße 3
39100 Bozen
Tel. +39 (04 71) 97 39 38
www.voegele.it
info@voegele.it

Restaurant Alpes im Hotel
Bad Schörgau
Egon Heiss
Putzen 24
39058 Sarntal
Tel. +39 (04 71) 62 30 48
www.bad-schoergau.com
info@bad-schoergau.com

Restaurant Terra im Relais &
Châteaux Hotel Auener Hof
Heinrich und Gisela Schneider
Prati 21
39058 Sarntal
Tel. +39 (04 71) 62 30 55
www.terra.place.de
info@terra.place

Hotel Paradies mit Restaurant
Peter und Katharina Pircher
Quellenweg 12
39021 Latsch
Tel. +39 (04 73) 62 22 25
www.hotelparadies.com
info@hotelparadies.com

Hotel Restaurant Pardeller
Tobias Pardeller
Romstraße 18
39056 Welschnofen
Tel. +39 (04 71) 61 31 44
www.pardeller.com
info@pardeller.com

Kellerei Girlan mit Vinothek
Gerhard Kofler
St.-Martinstraße 24
39057 Girlan
Tel. +39 (04 71) 66 24 03
www.girlan.it
info@girlan.it

Weingut Niedrist
Ignaz und Elisabeth Niedrist
Runggweg 5
39057 Girlan
Tel. +39 (04 71) 66 44 94
www.ignazniedrist.com
info@ignazniedrist.com

Weingut Abraham
Martin und Marlies Abraham
Maderneidstraße 29
39057 Eppan
Tel. +39 (34 94) 65 07 14
www.weingutabraham.it
info@weingutabraham.it

Kellerei St. Michael-Eppan mit Vinothek
Hans Terzer
Umfahrungsstraße 17–19
39057 Eppan
Tel. 39 (04 71) 66 44 66
www.stmichael.it
office@stmichael.it

Der Stroblhof mit Vinum-Hotel
Andreas Nicolussi
Pigenoer Weg 25
39057 St. Michael/Eppan
Tel. +39 (04 71) 66 22 50
www.stroblhof.it
hotel@stroblhof.it

Weingut Manicor
Michael Graf Goëss-Enzenberg
St. Josef am See 4
39052 Kaltern
Tel. +39 (04 71) 96 02 30
www.manincor.com
info@manincor.com

Restaurant zur Rose
Familie Herbert Hintner
Josef Innerhoferstraße 2
39057 St. Michael Eppan
Tel. +39 (04 71) 66 22 49
www.zur-rose.com
info@zur-rose.com

Ansitz Rungghof Restaurant und Hotel
Manuel Ebner
Runggweg 26
39057 Girlan
Tel. +39 (04 71) 66 58 54
www.rungghof.it
info@rungghof.it

Kellerei Tramin
Willi Stürz
Weinstraße 144
39040 Tramin
Tel. +39 (04 71) 09 66 33
www.cantinatramin.it
shop@kellereitramin.it

Weingut J. Hofstätter mit Enoteca, Restaurant und Weinbar
Martin Foradori
Rathausplatz 7
39040 Tramin
Tel. +39 (04 71) 86 01 61
www.hofstatter.com
info@hofstatter.com

Taberna Romani im Hotel Ansitz Romani
Armin Pernstich
Andreas Hofer Straße 23
39040 Tramin
Tel. +39 (04 71) 86 00 10
www.ansitzromani.com
info@ansitzromani.com

Hofkellerei Tramin
Ingun Walch
Josef von Zallinger-Straße 10
39040 Tramin
Tel. +39 (04 71) 86 02 15
www.hofkellerei.it
info@hofkellerei.it

Weingut Franz Haas
Franziskus Haas
Villnerstraße 6
39040 Montan
Tel. +39 (04 71) 81 22 80
www.franz-haas.com
info@franz-haas.it

Weingut Alois Lageder mit Vinothek Paradeis
Alois Clemens Lageder
Grafengasse 9
39040 Margreid
Tel. +39 (04 71) 80 95 00
www.aloislageder.eu
info@aloislageder.eu

Weingut Haderburg mit Sektkellerei
Familie Alois Ochsenreiter
Albrecht Dürer Weg 3
39040 Salurn
Tel. +39 (04 71) 88 90 97
www.haderburg.it
info@haderburg.it

Gasthaus Kürbishof
Familie Hartmann Varesco
Guggal 23
39040 Altrei
Tel. +39 (04 71) 88 21 40
www.kuerbishof.it
info@kuerbishof.it

Restaurant St. Hubertus im Hotel Rosa Alpina
Norbert Niederkofler
Strada Micurá de Rü 20
39036 St. Kassian in Abtei
Tel. +39 (04 71) 84 95 00
www.rosalpina.it
info@rosalpina.it

Dank der Autoren

Von Herzen bedanken möchte ich mich bei allen meinen lieben Südtiroler Freunden sowie den hier vorgestellten Gastronomen und Winzern, die mir beim Schreiben an diesem Buch unzählige inspirierende, genussvolle und glückliche Stunden bereitet haben!

Euer

Südtirol hat viele kleine Betriebe, die auf höchstem Niveau arbeiten. Ich glaube, dass dies, mit dem Fleiß und dem Streben nach Perfektion, der Schlüssel zum Erfolg ist. Beim Essen und bei den Weinen. Der Trend geht zu immer hochwertigeren und naturbelassenen Produkten. Viele der Winzer leben weit weg von den Dörfern in ihrer kleinen steilen Welt, ohne direkte Nachbarn, wie in einer eigenen Biosphäre. Das gilt auch für die Köche, die, ganz gleich ob auf Almhütten oder in Sternerestaurants, oft in den abgelegensten Tälern, individuell, aber sehr erfolgreich kochen. Bei der Arbeit zu diesem Buch habe ich wieder viele tolle Menschen kennengelernt, die Spaß haben an dem, was sie tun. Die fleißig sind, und stolz auf das, was sie schaffen. Danke für das Vertrauen und den Blick mit meiner Kamera in viele kleine Welten.

Impressum

Produktmanagement: Sonya Mayer
Umschlaggestaltung: Helene Avtschuko
Layout und Satz: Veronika Schmidt, Visuelle Kommunikation
Rezeptredaktion: Dr. Regina Roßkopf
Textredaktion: Regina Wiesmaier
Korrektur: Franziska Sorgenfrei
Repro: LUDWIG:media, Zell am See
Herstellung: Barbara Uhlig, Sandra Hirschauer
Text und Rezepte: Otto Geisel
Fotografie: Udo Bernhart

Printed in Germany by APPL aprinta

Alle Angaben in diesem Werk wurden vom Autor sorgfältig recherchiert und auf den aktuellen Stand gebracht sowie vom Verlag geprüft. Für die Richtigkeit der Angaben kann jedoch keinerlei Haftung übernommen werden.

Die Deutsche Nationalbibliothek verzeichnet diese Publikation in der Deutschen Nationalbibliografie; detaillierte bibliografische Daten sind im Internet über http://dnb.d-nb.de abrufbar.

© 2018 Christian Verlag GmbH, München
Alle Rechte vorbehalten.

ISBN 978-3-95961-183-1

Unser komplettes Programm finden Sie unter:

 www.christian-verlag.de

Sind Sie mit diesem Titel zufrieden? Dann würden wir uns über Ihre Weiterempfehlung freuen. Erzählen Sie es im Freundeskreis, berichten Sie Ihrem Buchhändler oder bewerten Sie bei Onlinekauf. Und wenn Sie Kritik, Korrekturen, Aktualisierungen haben, freuen wir uns über Ihre Nachricht an:
Christian Verlag
Postfach 40 02 09
D-80702 München
oder per E-Mail an lektorat@verlagshaus.de

Ebenfalls erhältlich ...

ISBN 978-3-86244-091-7

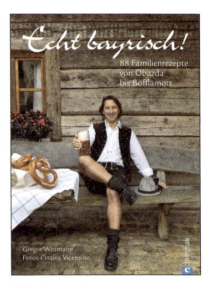

ISBN 978-3-95961-095-7

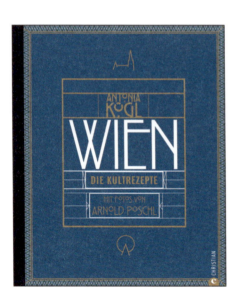

ISBN 978-3-95961-021-6

ISBN 978-3-86244-976-7

www.christian-verlag.de